PRESENCIA HISTORICA DE LA ORDEN DE PREDICADORES EN PUERTO RICO 1510-1903

Fray Mario A. Rodríguez León, O.P.

Universidad Central de Bayamón
Hato Tejas, Bayamón, Puerto Rico
2021

 Published by:
New Priory Press
1910 S. Ashland Ave.
Chicago, IL
60608-2905
www.newpriorypress.com

A Fray Gerard Timoner III, O.P.
88vo Maestro de la Orden de Predicadores

Introducción

No es fácil intentar narrar una historia de trescientos noventa y tres años, de la presencia de la benemérita Orden de Predicadores en Puerto Rico en sus múltiples ramas, en un tiempo limitado como este del que ahora disponemos. Próximamente Dios mediante publicaremos el primer volumen en un libro de esta historia, de los años de 1510 a 1903, pero hoy, solamente y en forma resumida traemos una apretada síntesis. El volumen segundo comprenderá los años desde 1904, con la llegada de los dominicos holandeses, hasta la fecha de hoy, 2 de junio de 2020, cuando en una nueva etapa, el Vicariato de la Santa Cruz de Puerto Rico entra en una nueva relación con la Provincia dominica de San Alberto Magno de Chicago, de los Estados Unidos. Es la historia del árbol de la gran familia dominica está compuesta de frailes, hermanos, monjas, religiosas de vida apostólica e infinidad de hombres y mujeres de la Venerable Orden Tercera de Santo Domingo de Guzmán.

Agradezco la distinción que me fuera hecha habiéndome asignado a esta insigne tarea en el Convento de Nuestra Señora del Rosario, en Hato Tejas, Bayamón, ante la presencia del Maestro de la Orden, Fray Gerard Timoner III, O.P., de Fray Jimmy Marchionda, O.P., Provincial de Chicago, Fray Diego Orlando Serna, O.P., Provincial de Colombia, Fray José Santiago Román, O.P., Vicario Provincial de Puerto Rico y Fray José Fernando Osorio, O.P., Prior conventual, así como de otros distinguidos frailes dominicos la noche del domingo 19 de enero del presente año.

La llegada de los frailes dominicos al Nuevo Mundo y la construcción de su convento.

Esta larga historia comienza en el año de 1510, en la península Ibérica cuando el Maestro de la Orden de Predicadores, Fray Tomás de Vio Cayetano, el destacado estudioso de Santo Tomás de Aquino, ordenó que se enviaran frailes dominicos a la isla de La Española en el Caribe. El primer grupo de frailes que en 1510 llegaron a las nuevas tierras descubiertas por el almirante Cristóbal Colón, estuvieron en Puerto Rico de paso a La Española. Estos primeros frailes lo fueron Fray Pedro de Córdoba, Fray Antón de Montesino, Fray Bernardo de Santo Domingo y Fray Domingo de Villamayor, junto a un religioso lego, quienes viajaron en la nave <u>Espíndola</u> y estando en Puerto Rico, fueron los primeros dominicos en llegar al Nuevo Mundo(1). Estos frailes dominicos procedían del convento de San Esteban en Salamanca, recinto en el cual habían adquirido una solida formación tomista en su preparación religiosa. Destacando algunas figuras emblemáticas de esta primera comunidad de frailes dominicos en las Antillas, en primer lugar, nos referimos a Fray Pedro de Córdoba y Fray Antón de Montesino.

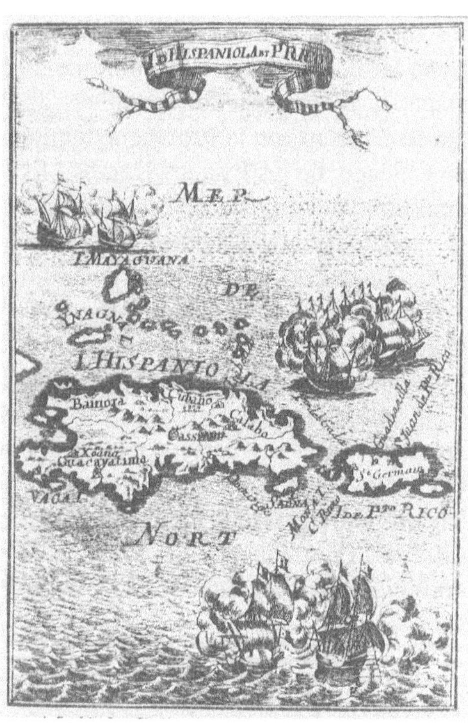

Antiguo mapa de La Española y Puerto Rico durante el siglo XVI

El primero, hijo ilustre de la antigua ciudad andaluza de Córdoba, nacido en 1482 (2), luego de su ordenación como presbítero fue elegido para ocupar el cargo de Vicario de la primera expedición dominica enviada al Nuevo Mundo. Tras la conquista española, esta primera comunidad utilizaba en su misión evangelizadora el libro de Fray Pedro de Córdoba: Doctrina Cristiana para la instrucción e información de los indios por manera de historia, que fue el primer catecismo escrito en América y editado en México en 1544 (3).

Veritas domini manet in eternum.

Doctrina christiana en légua Española y Mexicana: hecha por los religiosos dela orden de sācto Domingo. Agora nuevamēte corregida y enmēdada. Año 1550

Doctrina christina en lengua Española y Mexicana: hecha por los religiosos de la orden de Santo Domingo e agora neuamente corregida y aumentada, México, 1550.

El segundo fraile ya mencionado, Fray Antón de Montesino, una vez ordenado de presbítero fue asignado al Real Convento de Santo Tomás de Ávila, en 1509. Se recuerda como ya estando en la región del Caribe, el 21 de diciembre de 1511, cuarto domingo de adviento, por orden de su superior mayor Fray Pedro de Córdoba y aprobado por toda la comunidad de hermanos, Fray Antón de Montesino subió al pulpito de la iglesia conventual de Santo Domingo en La Española y comenzó su enérgica y profética predicación Ego vox clamantis in deserto (Jn 1, 23) en la que denunciaba valientemente el pecado nefando que cometían los españoles encomenderos en contra de los indios. Su firme predicación tuvo un profundo impacto en la sociedad colonial

Fray Antonio Montesino en Santo Domingo, República Dominicana

que comenzaba a establecerse en las Antillas (4). En el año de 1511 en Borinquén ocurrió la insurrección indígena a raíz de la muerte de Agüeybana I y le sucedió Agüeybana II, el guerrero indómito que luchó para reconquistar todo o que le habían arrebatado los españoles.

Afectado en su salud, Fray Antón de Montesino se trasladó a la isla de San Juan (Puerto Rico), donde proyectó la fundación de un

Insurrección indígena en Borinquen en 1511

convento y trabajó como misionero predicando y catequizando a indios, negros y españoles. Una vez recuperado de su enfermedad, Montesino regresó a Santo Domingo y ya en noviembre de 1517, en compañía de Bartolomé de las Casas, se encuentra en Madrid. Ambos religiosos se habían dirigido a la península Ibérica para gestionar el establecimiento de la primera provincia dominica en América (5). En el año de 1518, los encontramos nuevamente de paso en Puerto Rico, en compañía de Fray Pedro de Córdoba. En 1521, Montesino viajó desde Santo Domingo a Puerto Rico, esta vez con cuatro compañeros de la Orden, en gestiones de las obras de construcción del convento de Santo Domingo por él promovidas, las que comenzaron con materiales solidos en la isleta de San Juan de Puerto Rico en 1523 (6). Fue el conquistador Juan Ponce de León quién hizo la donación a los frailes dominic-

Escudo de la Provincia dominica de la Santa Cruz

os del terreno en donde se construyó el convento en la parte norte de la isleta, a la vez que estableció el Patronato de su familia sobre la iglesia conventual de Santo Tomás de Aquino (7). Los terrenos y jardines del convento se extendían hacia el este hasta el espacio de lo que luego fue la Plaza de Mercado (frente al área que mas tarde será conocida como La Perla) y también al oeste frente a los terrenos del Castillo del Morro.

En 1530, el cabildo de la ciudad de Puerto Rico (San Juan) notificaba al emperador Carlos V sobre la mala situación que sufría la isla como consecuencia de los fuertes huracanes y frecuentes incursiones de los indios caribes. En el documento de la mencionada notificación se señala que ante la inseguridad en que se encontraba la población de la ciudad, en particular sus mujeres e hijos no dormían en sus casas, sino que se refugiaban en la "iglesia y monasterio" de los frailes dominicos (8). Este dato indica que el convento era en su mayor parte uno ya habitable para 1530. Las obras de construcción continuaban para 1532 pues en ese año el cabildo de la ciudad le escribió a la emperatriz Isabel de Portugal (esposa de Carlos V) solicitándole ayuda para continuar la construcción de

Los emperadores Carlos V e Isabel de Portugal

la iglesia del convento. Como se señala en la petición:
"En esta ciudad esta un convento de la Orden del Señor Santo Domingo, el cual, como vuestra Majestad habrá sido informada, esta poblado de personas religiosas de buena vida y ejemplo, con los cuales tenemos mucha consolación por ser muy provechosos, a los cuales el Emperador Nuestro Señor hizo merced y limosna de cuatro mil pesos de oro en ocho años, los cuales se le han dado de la hacienda de vuestra Majestad; tienese por muy cierto que con la merced y limosna que su Majestad les hizo y con la limosna que por la tierra ha habido, han gastado en la obra al pie de doce mil pesos de oro y réstales por hacer la iglesia, en cual tienen comenzada; y, tan pocos dineros según la obra llevan, que si vuestra Majestad no les socorre con alguna merced no podrán proseguir su propósito" (9).

Para la década de 1530, cuando se dio el descubrimiento de oro en el Perú, muchos de los colonos de Puerto Rico abandonaron la isla al grito de "Dios me lleve al Perú" (10). Esta situación llevó a un descenso en la población, razón por la cual el gobernador Francisco Manuel de Landó, tuvo que recurrir a drásticas medidas para detener aquel éxodo de habitantes. En el censo de 1530, ordenado por el gobernador Landó se pone de manifiesto la situación demográfica de la incipiente colonia ante aquella emigración, aunque el censo no se incluía a los hijos y los familiares de cada colono. Como podemos advertir en dicho censo, la mayoría de la población era de negros africanos e indios:

Colonos españoles con vecindad –	casados con blancas	57
	Casados con indias	14
Colonos solteros sin vecindad		298
Total de blancos		369
Indios libres encomendados		473
Indios esclavos		675
		1,148
Negros africanos esclavos –	Varones	1,168
	Hembras	335
		1,523
		(11)

Durante las tres primeras décadas del siglo XVI se fue consolidando el proyecto de evangelización de los dominicos en Puerto Rico y el Caribe. Cuatro aspectos fundamentales sintetizan la metodología evangelizadora de la primera comunidad dominica en el Nuevo Mundo. Estos aspectos fundamentales son: el conocimiento de la lengua y la religión de los indios, la exposición doctrinal en forma de historias y no de abstracciones teológicas, la frecuencia de la predicación de la Sagrada Escritura y el testimonio de pobreza y vida de oración y penitencia. (12) Al respecto nos señala Miguel Ángel Medina, O.P.: "...la empresa misional de América fue una novedad metodológica, incluso para los primeros misioneros, pues los métodos anteriores no podían ser utilizados con provecho en el Nuevo Mundo."(13) Como predicadores, los congregantes de la primera comunidad dominica en el Caribe fueron profetas y testigos del Reino de Dios y su justicia. El contacto directo con la realidad de opresión e injusticia a que estaban sometidos los indios los movió a comprometerse con ellos y a través de la predicación fueron siempre voz profética de denuncia y critica ante el sistema imperante.

Fray Luis Cáncer, primer Prior del Convento

Para el historiador español Fray Isacio Pérez Fernández, O.P.: "Fray Luis Cáncer es una especie de personaje incógnito". Sin lugar a duda que fue un fraile dominico de intensa vida apostólica y santidad de vida. Natural de Barbastro, Huesca, Fray Luis Cáncer formó parte del grupo de los primeros dominicos que vinieron al Nuevo Mundo. No se sabe con exactitud la fecha en que el intrépido fraile llegó a Puerto Rico. Posiblemente fuera en 1521, cuando se dio el traslado del poblado de Caparra a la isleta de San Juan.(14) Fray Luis Cáncer fue el primer prior del convento de Santo Domingo en San Juan y ocupó el cargo de 1525 a 1528, cuando se trasladó a Guatemala.

Fray Agustín Dávila Padilla, O.P., mexicano, cronista, nacido en

Interior del convento dominico

1562 y que falleció como Arzobispo de Santo Domingo en 1604, escribió sobre Fray Luis Cáncer lo siguiente:
"Con este devoto espíritu determinó de venir a la Isla Española para predicar a los indios el Evangelio. Estuvo en ella algunos días... Encomendaronle los Prelados de aquella Provincia que fuese a fundar convento en Puerto Rico y fundole santamente, siendo el primer prior que aquella casa tuvo. Vivió algunos años en esta santa ocupación. Porque ya no había indio en aquella tierra y se iba conquistando Guatemala, donde ya nuestro Provincial de México tenia religiosos, vino a ella y comenzó a estudiar aquella lengua."

Por su parte, también los historiadores Agustín Dávila Padilla, Antonio de Remesal y Juan José de la Cruz Moya sostienen que el verdadero fundador de aquel convento y primer superior de los dominicos de Puerto Rico, lo fue Fray Luis Cáncer. En 1549 y con el firme objetivo de evangelizar la región de forma pacifica, Fray Luis Cáncer llegó a la Florida, pero allí murió mártir en Tampa de manos de los indios Calusa junto con sus compañeros Fray Diego de Tolosa y Fray Fuentes(16).

La singular figura de Fray Bartolomé de las Casas

En estas primeras décadas del siglo XVI, como ya hemos podido advertir se destaca todo un insigne grupo de frailes dominicos en la región del Caribe, pero entre esa pléyade de luminosos hijos de Santo Domingo de Guzmán sobresale de modo especial un fraile de singular personalidad al cual su gran celo apostólico, su enérgica defensa de los indios, su visión de teólogo y jurista y su fecunda labor intelectual como historiador y cronista de las Indias le sitúan en un alto sitial en la Historia. Se trata de Fray Bartolomé de las Casas, uno de los fundadores del Derecho internacional junto con el también dominico Fray Francisco de Vitoria (1483-1546), catedrático de la Universidad de Salamanca.

Bartolomé de las Casas nació en Sevilla en 1484 y falleció en Madrid el 18 de julio de 1566. En 1502 lo encontramos en La Española y en 1512 es ordenado presbítero. Luego, habiendo partido en la expedición hacia Cuba, prontamente pudo ver allí como se daban las graves injusticias y crueldades que los españoles cometían en contra de los indios bajo el sistema de la encomienda, mediante el cual se repartían los habitantes indígenas para los duros trabajos de la búsqueda de oro. En la península Ibérica, la primera defensora de los indios lo fue la reina Isabel, la Católica, cuando Colón le presentó varios indios traídos de América que fueron bautizados por el cardenal Francisco Cisneros. La reina Isabel ordenó: "tratar a dichos indios muy bien y con cariño, y abstenerse de hacerles ningún daño..."

Fray Bartolomé de las Casas, 1484-1566

En 1523 el presbítero Bartolomé de las Casas ingresó en Puerto Plata en la La Española, en la Orden de Predicadores y veintinueve años después de una incansable obra en defensa de los indios y de una admirable misión apostólica en 1552 publicó la Brevísima

La reina Isabel la Católica

relación de la destrucción de las Indias. De esta excepcional obra el destacado historiador Fray Isacio Pérez Fernández, O.P. publicó una excelente edición critica bajo los auspicios de la Universidad Central de Bayamón en 1984, siendo así también autor del voluminoso libro Cronología documentada de los viajes, estancias y actuaciones de Fray Bartolomé de las Casas, Centro de Estudios de los Dominicos del Caribe (CEDOC), Universidad Central de Bayamón, 1984 (17). Otro libro de lectura obligada de Fray Isacio Pérez lo es Brevísima relación de la destrucción de África, Editorial San Esteban, Salamanca, 1989.

Fray Bartolomé de las Casas recibió su ordenación episcopal para ejercer como obispo de Chiapas de manos del obispo dominico Fray Jerónimo de Loayza el 30 de marzo de 1544. Antes de su ordenación episcopal estuvo en Puerto Rico en el convento dominico en la isleta de San Juan en 1516, 1521, y 1544. En los predios de la Universidad Central de Bayamón en el año 2016, durante la incumbencia de la presidenta Dra. Lillian Negrón Colón se colocó una estatua de Fray Bartolomé de las Casas, obra del escultor puertorriqueño Isaac Laboy Moctezuma en la cual

Fray Bartolomé de las Casas, defensor de los indios

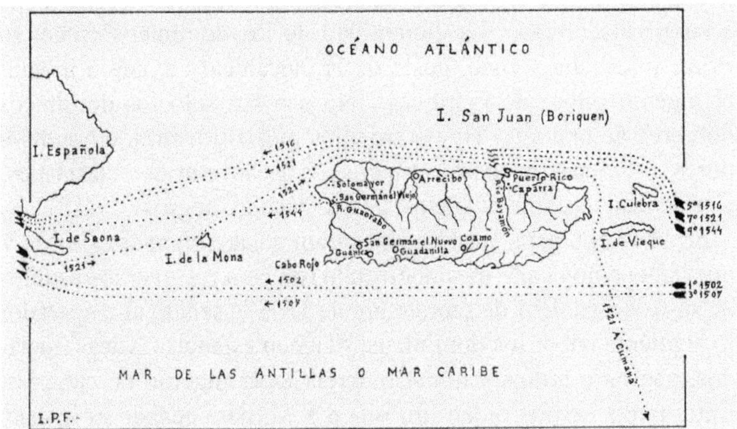

Mapa de los viajes a Puerto Rico de Fray Bartolomé de las Casas (Fray Isacio Pérez, O. P.)

hay una inscripción que señala: "Fray Bartolomé de las Casas, 1484-1566. Protector de los Indios y de los Negros".

Ante la grandeza de su obra ya se ha considerado iniciar el proceso de canonización de Fray Bartolomé de las Casas, pero este hay que promoverlo con mayor intensidad e interés de parte de la Orden de Predicadores para que el mismo no quede estancado en Roma.

El obispo Rodrigo de Bastidas y los conflictos con los dominicos.

La dimensión profética de los frailes dominicos que estuvo tan bien representada por las egregias personalidades de Fray Pedro de Córdoba, Fray Antón de Montesino, Fray Luis Cáncer y Fray Bartolomé de las Casas, entre otros, comenzaba a sufrir un marcado descenso cuando los frailes dominicos de Puerto Rico se hicieron propietarios, dueños de grandes ingenios y haciendas azucareras cultivadas por la mano esclava de negros y negras oriundos del África occidental. Es así como nos encontramos con los serios problemas que se suscitaron entre los frailes dominicos y el segundo obispo de Puerto Rico, Rodrigo de Bastidas, natural de Santo Domingo (n. 1497), y quién fue el primer obispo de Coro en Venezuela. Sobre estos conflictos nos señala el historiador Arturo

Morales Carrión: "Mas entre Bastidas y los dominicos comienzan a surgir discordias. La comunidad de los dominicos crece; su Prior, y lo hemos visto, gusta de la mecánica y ayuda a montar el ingenio piloto de Franquez. No son tan solo los dominicos hombres de oración. Hay entre ellos mozos jóvenes, emprendedores, a quienes no basta el ejercicio de la retorica eclesiástica. Comienzan a reunir estancias, vacas, ganado, negros…" (18).

En 1547 el obispo Bastidas le comunicó al emperador Carlos V que había convocado un sínodo en la isla para resolver los asuntos de su diócesis. El 1 de septiembre de 1548 le señaló al emperador lo siguiente sobre los dominicos: "Tienen estancias, vacas, ganados, negros e indios y ahora quieren hacer ingenio de caballos. Entre tanto, se que piden limosna a V.M. para acabar su iglesia. Mejor fuese que vendieran las granjerías y se les obligase a vivir en la pobreza y observancia" (19).

El 29 de marzo de 1552 desde Santo Domingo el obispo Bastidas le escribe nuevamente al emperador Carlos V: "Yo y mi Iglesia hemos tratado pleitos con los Frailes Dominicos de Puerto Rico, sobre que paguen diezmos de las haciendas de maderas que en aquella isla adquieren, que son en cantidad" (20).

Como bien podemos advertir, el conflicto entre el obispo y los frailes radicaba, entre otros asuntos, en el cobro de los diezmos. Los dominicos se amparaban en la ley de las Siete Partidas, un cuerpo normativo redactado en Castilla durante el reinado de Alfonso X; en las que las nuevas tierras utilizadas para la agricultura por los monasterios estaban exentas de pagar diezmos. Por su parte el obispo Bastidas parecía apoyar sus demandas en los de-

Ingenio azucarero siglo XVI

cretos del Cuarto Concilio Laterense (1512-17) que imponía a las ordenes religiosas el deber de pagar diezmos (21). No fue sino hasta el Concilio de Trento (1545-1563) cuando se promulgaron instrucciones generales en las que se prescribía que las ordenes religiosas no debían de tener propiedad privada.

Los dominicos y la defensa de los pobres y oprimidos.

El convento dominico, su iglesia y su cementerio, así como también la catedral de San Juan y otros templos católicos gozaban del derecho de asilo que permitía la protección de aquellas personas que huían de la justicia o eran perseguidas. Era una regla muy antigua que regía en la Iglesia Católica.

Un hecho insólito ocurrido en la ciudad de San Juan el 19 de enero de 1582 pone de manifiesto la preocupación por la justicia y por la defensa de los pobres y oprimidos por parte de los frailes dominicos. La víspera de San Sebastián iba a ser ejecutada por la horca una mujer mestiza de nombre Luisa García, acusada de dar muerte a su marido y de haberlo enterrado con la ayuda de un amigo. Fue llamado para que confesara a la acusada el fraile dominico Baltasar Raposo y este, en compañía de Fray Martín de Salazar y junto a otros clérigos intentó impedir que llegara a efectuarse la ejecución de Luisa García. Cuando la mujer fue conducida hacia el patíbulo, los frailes intervinieron violentamente provocando gran algarabía y conmoción entre el público allí reunido. Fray Baltasar Raposo argumentaba que la mujer condenada a muerte era inocente y los frailes intentaron llevarla hasta el cementerio de la iglesia conventual para protegerle. Ya allí tendría inmunidad. Según señala el escribano que relata el evento: "...uno de los dichos frailes, que no me acuerdo, se volvió contra mi y me dijo: "Vos no sois cristiano". Y se enojaron contra mi. Pues con todo esto yo no me dejaba de proseguir mi plática y que nos dejasen hacer nuestro oficio; porque los dichos frailes y ciertos clérigos que allí iban deteniendo el caballo y no le dejaban menear. Y así llegamos a la puesta de Tomé López y los dichos frailes y clérigos andaban asiendo los aparejos del caballo y tentando las sogas y sopesando por el aparejo a la dicha mujer, como que querían quitar del caballo y meterla en el cementerio de la iglesia que estaba cerca" (22).

Cuando Luisa García ya con soga al cuello fue colgada, esta se rompió y la pobre mujer cayó al suelo viva, ante lo cual los frailes prorrumpían en exclamaciones de que aquello era un milagro. Sin embargo, a pesar de la insistencia en contrario de los frailes, Luisa fue ejecutada, lo que causó un tremendo revuelo y escandalo en la ciudad (23). Pedro Peralta, escribano de su Majestad, por orden del gobernador Melgarejo le notificó sobre lo ocurrido a Fray Juan Cáncer, Prior del convento dominico, pidiéndole que castigara a los frailes Baltasar Raposo y de Salazar por el escándalo provocado al ellos tratar de impedir que Luisa García fuera ejecutada. El prior dominico no accedió a castigar a los frailes defensores de la mujer condenada a muerte (24).

La enérgica defensa pone de manifiesto como la comunidad dominica de 1582 era una de promotores de la justicia para los oprimidos, en esta ocasión en la defensa de una mujer mestiza alegadamente inocente condenada a la muerte.

Los dominicos y los conflictos con el gobernador Melgarejo. La invasión inglesa de 1598.

Los tres años del gobierno del Capitán Juan López de Melgarejo (1580 – 1583) se caracterizan por los frecuentes enfrentamientos entre el gobernador y los frailes dominicos. En 1582 se estableció una guarnición militar que hizo de Puerto Rico, en particular San Juan, un "Presidio Militar". El 3 de febrero, a los quince días de haberse ejecutado a Luisa García, los dominicos elevaron una carta al rey Felipe II en la cual le señalaban los frecuentes agravios y humillaciones de que eran objeto por parte del gobernador Melgarejo. También le informaron al monarca de la destemplanza y ofensas del gobernador hacia el obispo Fray Diego de Salamanca, agustino, que siendo "como un ángel en lo que toca a su vida y que con tanto cuidado y bondad gobierna sus ovejas", el gobernador le invadía y estorbaba su jurisdicción y a ellos los trataba de vos y les

Rey Felipe II

decía: "frailecillos" todos estos y "que como esos obispos y frailes ha visto él ahorcados y echados de ventanas abaxo" (25).

Consecuentemente los conflictos entre el gobernador Melgarejo y los frailes dominicos pudieron resolverse gracias a la llegada a Puerto Rico en 1583 de Fray Lucas de Santa María, Provincial de la Orden de Predicadores en el Caribe.

En 1586 se estableció en Puerto Rico el llamado "Situado Mexicano" por el cual la isla recibía dinero proveniente de las arcas de México, lo que provocó que los enemigos de España quisieran arrebatárselo e invadieron la Plaza militar.

En junio de 1598, Puerto Rico fue atacado por una flota inglesa compuesta de dieciocho navíos al mando de George Clifford, Conde de Cumberland y por espacio de 155 días los ingleses ocuparon la ciudad capital. La resistencia militar fue tenaz y vigorosa, pero fue una epidemia de disentería que causó la muerte de 400 ingleses con otro gran número de enfermos, lo que los obligó a abandonar la isla, aunque no sin antes se apoderaron de un cargamento de negros de Angola y profanaron la iglesia catedral destruyendo sus imágenes y robándose los cálices, las campanas y el órgano. El convento fue vandalizado y los frailes dominicos se vieron obligados a abandonarlo para poder sal-

George Clifford
Conde de
Cumberland

var sus vidas.

En la relación sobre la expedición inglesa escrita por el reverendo John Layfield se describe detalladamente como era el convento dominico en las postrimerías del siglo XVI. Dice así:

"Existen también un monasterio hermoso situado al norte del poblado, un poco distante del caserío. Esta fabricado de ladrillo en un espacio cuadrado. Tiene iglesia y salón y todas las celdas necesarias para el prior y la comunidad de frailes. Parece que no esta terminado aun, pues tiene un claustro sin techar. Los frailes habían huido todos, excepto (sic) uno, que nos dijo en latín interrumpido que ellos eran Domincarum Ordinis predicatorum mendicatum. La situación de este edificio es esplendida, deliciosa, sobre una colina desde donde se divisa el mar por tres partes. El terreno arenoso y ligero parecido a los campos de arroz de Inglaterra. La atmosfera caliente, mas edificios en la acción que en la percepción. Tiene biblioteca con brillantes cubiertas los libros, pero allí se apolillan y pierden; flores o frutos abrillantados en Inglaterra, pero aquí se pierden su cubierta y los confites ingleses se derriten. Este sitio es muy saludable. Aquí se habla mucho de la muerte como si hubiera algún sitio en el mundo libre de este mandato de Dios. Pero me informan que en diez y siete meses no había muerto mas que dos frailes de muy avanzada edad. Los que vimos de 80 y 90 años de edad, estaban muy fuertes de cuerpo" (26).

El 6 de agosto de 1600 el Consejo de Indias de su Majestad el rey Felipe III concedió la ayuda económica solicitada para la reparación del convento dominico en San Juan por los daños que tuvo debido a la invasión inglesa (27).

Fray Martín Vázquez de Arce y los dominicos durante el siglo XVII

La iglesia católica en Puerto Rico comenzó el siglo XVII bajo el extraordinario episcopado del fraile dominico Martín Vázquez de Arce, natural de Lima, Perú y quién ocupaba el cargo de Rector del Colegio de Santo Tomás de Sevilla cuando fue promovido para ocupar la sede del obispado de Puerto Rico. Fray Martín Vázquez de Arce desembarcó en el año 1602 en la isla de Margarita, perteneciente a los anejos ultramarinos de la diócesis de Puerto Rico. En Margarita el obispo dominico llevó a cabo una destacada misión de evangelización entre los indios guaiqueries, la que le llevó a tener serias dificultades y problemas con las autoridades civiles de la isla (28). En uno de sus escritos pastorales se lamentaba del estado de servidumbre en el cual se encontraban los indios guaiqueries: "Es de lamentar que cada día van disminuyendo por las vejaciones que les hacen. Los gobernadores le obligan a que les sustenten sus casas de leña, pescado, sal, conejos, venados y otras cosas sin darles un maravedí. No se que ley divina ni humana manda hacer esto" (29). Durante los tres años que permaneció el obispo Vázquez de Arce realizando su visita pastoral en los anejos ultramarinos de su diócesis visitó ciudades y poblados en la extensa región de Cumana y Cumanagoto, entre otras poblaciones de Venezuela. El prelado dominico se desempeñó como un obispo de auténtico celo apostólico y como defensor de los indios y de los más pobres. En Asunción, capital de la isla de la Margarita, el 26 de junio de 1604, Fray Martín Vázquez de Arce redactó como obispo unas importantes constituciones que pusieron de manifiesto no solo su preocupación misionera sino su esmerada formación teológica y pastoral (30).

Fray Martín Vázquez de Arce, Obispo

El 7 de octubre de 1604, el obispo Vázquez de Arce se encuentra en Puerto Rico, siendo para él motivo de sorpresa el ir descubriendo la penosa situación socioeconómica y militar en que se hallaba la isla. Descubrió que el presidio militar se encontraba falto de soldados que defendieran la plaza fuerte, que la situación económica era lamentable y que la iglesia catedral se encontraba en ruinas a raíz del saqueo ingles de 1598. Los frailes dominicos, así como otros eclesiásticos del clero secular y del cabildo eclesiástico de San Juan se dedicaban al contrabando. Para colmo de males el obispo entró en serios conflictos con el gobernador Sancho de Ochoa. El 26 de noviembre de 1606, Vázquez de Arce envió al rey de España un extenso memorial notificándole sobre los graves problemas a los que se enfrentaba la isla de Puerto Rico y sobre sus conflictos con el gobernador militar Sancho de Ochoa. Al referirse a la situación del convento de los frailes dominicos señalaba lo siguiente el obispo: "Este convento es muy pobre, la tierra lo es por extremo, la necesidad que padecen, grande; las limosnas, pocas; la que se le da no es en dinero sino en medicinas, que las mas veces no hallan en la isla; el número de religiosos para quién son es muy corto y cuanto mas son no llegan a ocho y ahora no hay mas de cinco: son de importancia en esta isla, que acuden a su ministerio como buenos frailes" (31).

El Convento dominico de Porta Coeli en San Germán

En el año de 1606, a petición de los poblados de San Germán, al suroeste de Puerto Rico, se comenzaron las obras de construcción del convento dominico de Porta Coeli. Los vecinos de San Germán ofrecieron 210 reses y 1,150 reales para la fundación del convento. El obispo Vázquez de Arce otorgó la licencia para la fundación, como se hace constar en la correspondiente declaración:

Nos, el Maestro Don fray Martín Vázquez de Arce, obispo de esta isla y obispado de San Juan de Puerto Rico y sus anexos, del Consejo de Su Majestad, etc.,

Por cuanto nos consta que vos, fray Diego de Rueda, de la Orden y Religión de Nuestro Padre Santo Domingo, tenéis poder y autoridad del Padre Presentado fray Antonio Mexia, Prior del convento de esta ciudad de Santo Tomás de Aquino y Vicario Provincial de este Obispado por comisión particular que para ello tiene del Padre Maestro fray Tomás Blanes, Vicario General, para poder fundar un convento de la Orden de Nuestro Padre Santo Domingo en la Villa de San Germán de esta isla, de nuestro obispado.

Por la PRESENTE nos damos licencia, poder y facultad bastante, cual de derecho en tal caso se requiere y debe, a vos, el dicho fray Diego de Rueda, e a otro cualquier fraile de la dicha Orden que tenga el mismo poder y facultad de los susodichos, para que podáis fundar el dicho convento en la parte y lugar que os pareciere y por bien tuviéredes, sin que ninguna persona de ningún estado, condición y calidad vos lo estorbe ni perturbe en manera alguna. Para lo cual mando, en virtud de santa obediencia y so pena de excomunión mayor *latae sentenciae, ipso facto incurrenda*, al vicario (= párroco) que fuere de dicha Villa vos de todo el favor y auxilio que le pidiéredes y fuere necesario para dicho efecto. La cual dicha pena asimismo mandamos a las personas que lo den y hagan dar, sin poner en ello embargo ni impedimento alguno, para que vaya en aumento la obra del dicho convento, por cuanto conviene al servicio de Dios Nuestro Señor y bien de los vecinos de esta Villa.

Y para que de ello conste, mandamos dar y dimos las presentes, firmadas de nuestro nombre y del presente nuestro notario, y selladas con nuestro sello acostumbrado, en las cosas episcopales de nuestra morada de esta dicha ciudad de Puerto Rico, a cinco días del mes de diciembre de mil seiscientos y seis años.

Antigua Capilla de Porta Coeli, San Germán, Puerto Rico

Fray Martín, Obispo de Puerto Rico

(Lugar del Sello)

Por mandado de Su Señoría,
Don Juan de la Puente, Notario (32)

Desde su fundación, el convento de Santo Domingo de Porta Coeli fue un importante recinto de transito entre los dominicos del convento de Santo Tomás de Aquino en San Juan que viajaban rumbo al convento de Santo Domingo en la isla de La Española. La travesía de los frailes de una isla a otra la realizaban por el mar, saliendo de San Juan, bordeando la costa norte de Puerto Rico y haciendo parada para descansar en el convento de Porta Coeli en San Germán, para luego proseguir su viaje hacia Santo Domingo, o hacia La Habana o cualquier otro convento de la Provincia de la Santa Cruz de las Indias.

Ya a mediados del siglo XVII, con la llegada del obispo trinitario Fray Damián López de Haro a su sede episcopal el 13 de junio de 1644, al año siguiente se celebró en Puerto Rico un sínodo diocesano y fueron organizadas además con las prescripciones del Concilio de Trento, las prácticas de la vida pastoral y la evangelización en la jurisdicción eclesiástica de la diócesis, fundada en 1511, y que como ya hemos indicado incluía el vasto territorio de los anejos ultramarinos. En dicho sínodo se destacaron los dominicos de forma singular por su esmerada formación teológica. Para los años de 1644-45, los dominicos de San Juan eran 30 religiosos y dos frailes en Porta Coeli en San Germán. Para ese entonces, la situación económica de los frailes era próspera, lo que les permitió poder realizar su misión y obra apostólica. Señala la historiadora española Juana Gil-Bermejo García que: "A mediados del siglo XVII se estimaba en unos 13,000 reales de plata los ingresos que percibían los dominicos como renta anual producida por las capellanías dotadas por los fieles a su convento" (33).

En 1681, llevando a cabo una visita canónica al convento de Porta Coeli, Fray Manuel de Almodóvar, Provincial de la provincia de Santa Cruz, habiendo examinado los libros conventuales encontró que el *Lumen domus,* en el cual se consignaban los sucesos mas notables de la comunidad dominica de San Germán en sus actas originales ya se hallaba en un lamentable estado de deterioro. Ante esto, el provincial exhortó a la preparación de un nuevo libro de los documentos sobre la fundación de la villa debidamente transcritos y autenticados. Decía así:

"Señores Cabildo, Justicia y Regimiento de esta Villa de San Germán, en la isla de San Juan de Puerto Rico de las Indias:

El Maestro fray Manuel de Almodóvar, Prior Provincial de la provincia de Santa Cruz, del Orden de Predicadores, por cuanto, visitando este nuestro convento de Nuestro Padre Santo Domingo de Portaceli de esta Villa, he hallado en el principio de uno de sus libros viejos los instrumentos auténticos originales de su fundación, y con la penuria del tiempo tan antiguos y maltratados que apenas se pueden leer, y corre riesgo que en breve se pierda y borre su memoria, que debe conservarse para los futuros venideros por lo que puede valer e importar, así el decoro de la Cilla como al aumento de dicho mi convento, por tanto, por la presente exhorto a Su Señoría se sirva de mandar copiar en este libro nuevo a continuación los dichos instrumentos, como son un cabildo, un testimonio y dos licencias originales, según parece en dicho libro viejo, de que hago presentación, y que se firmen sus nombres y autoricen en manera y forma que haga fe.

En ello recibiré favor,
Fray Manuel de Almodóvar
Prior Provincial (34)

Fray Jorge Cambero y la vida intelectual del convento

En Puerto Rico, los destacados hijos de Santo Domingo de Guzmán no solo eran dueños de extensas tierras y capellanías dotados por los fieles cristianos, sino que también, para mediados del siglo XVII, el Real Convento de Santo Tomás de Aquino a falta de contarse con un centro universitario, era uno de educación y cultura superior. En 1645 el Prior de los frailes, Fray Jorge Cambero, natural de San Juan de Puerto Rico e hijo de portugueses, estableció en el convento las cátedras de Arte y Gramática. Cambero llegó a ocupar el cargo de Provincial de los dominicos de la Santa Cruz de las Indias, e instituyó una casa de noviciado. En 1647 fue ascendido a Maestro en Teología. En el Capítulo General de la Orden de Predicadores celebrado en Valencia, España en 1647, fue decretado lo siguiente: "Erigimos el convento de Santo Tomás de Aquino de Puerto Rico en Estudio General de esta provincia, deseando que los lectores que en él leyeren, lo hagan según la forma y para el grado de maestro y confirmamos la concepción hecha al mismo por el Capítulo General de Roma de 1644, o sea, que en él puedan recibirse novicios al habito y profesión y ser en él educados" (35).

El licenciado José Paniagua Serracante, quién tiempo mas tarde en Cataño ingresaría a la Venerable Orden Tercera de Santo Domingo, en un artículo publicado en la revista Puerto Rico Ilustrado del 13 de noviembre de 1937, nos señala lo siguiente sobre Fray Jorge Cambero:

Fray Jorge Cambero, O.P.

"Este eximio sanjuanero tan injustamente olvidado y cuyo recuerdo hace tiempo esta exigiendo el mármol o el bronce, ha sido honra y gloria de la casta borinquense. El ha sido el padre de nuestra cultura, el gran patriarca de las letras, de las ciencias y de las artes, el generador de los altos estudios, el primer auténtico institutor de la enseñanza universitaria en Puerto Rico. El provincialato del Padre Cambero no solo marca el apogeo del antiguo Convento de Santo Tomás, sino que culmina una edad luminosa en los anales del desenvolvimiento cultural puertorriqueño. El quería establecer una universidad....Restauró los estudios. No solo restableció la clase de Gramática, sino que también puso clases de Artes, de modo que allí se enseñaba a la juventud dialéctica y retórica, aritmética y geometría, astronomía y música, extendiéndose después a ciencias filosóficas, teológicas, jurídicas y sociales… No en balde Acosta en las anotaciones que hiciera a la Historia de Fray Iñigo Abad y Lasierra, asegura que cuando visitó al sabio Barón Humboldt en Berlín, este le manifestó entre otras cosas, que había conocido en la Universidad de Caracas a jóvenes puertorriqueños que se distinguieron por sus profundos conocimientos de botánica, procedentes de la casa de estudios de los Dominicos de San Juan" (36).

A Fray Jorge Cambero le sucedió en su cargo Fray Jacinto Martínez, puertorriqueño y quién fue nombrado Prior Provincial del Convento de Santo Domingo y que también se destacó como buen predicador y en el fomento de la educación superior en Puerto Rico.

Gregoria Hernández, "la beata de Arecibo" y Fray Francisco de Peraza: dos modelos de santidad dominica.

En Puerto Rico hasta aquellos momentos, la primera puertorriqueña que vivió en un beaterio (37) cercano al convento dominico de San Juan y a quién se le puede considerar como la primera terciaria dominica, lo fue Gregoria Hernández. Fue una mujer que llevó una vida de grandes virtudes, dedicada a la oración y la penitencia y que murió en olor de santidad con más de ochenta años de vida en 1639. Era viuda de un capitán de Infantería de apellido Villodre, de quién engendró dos hijos que fueron hechos cautivos por los turcos (38). La vida de María Raggi, natural de la isla de Quío en el mar Egeo y terciaria dominica (1552 – 1600), tiene un marcado paralelismo con la de Gregoria Hernández, de quién imitaba sus virtudes y se dedicaba a la práctica de la oración y la penitencia (39).

Por otra parte, Fray Francisco de Peraza, natural de San Juan de Puerto Rico y quién nació en 1592, igualmente vivió en estricta observancia y santidad de vida como fraile dominico del convento de Santo Tomás de Aquino. El historiador Antonio Cuesta Mendoza señala que

Iglesia conventual de Santo Tomás de Aquino (San José)

"...después de una vida de extraordinaria santidad colmada de prodigios, durmió el sueno de los justos, en el Convento de Caracas, el año 1662. De la ejemplaridad de este santo varón se hizo eco el Padre Marinis, General de la Orden, en su carta de 17 de marzo de 1664, en la que asegura de él que sobresalió en la observancia regular, en la penitencia y austeridad y en el don de milagros y predicción de su muerte" (40).

El 18 de febrero de 1674, el obispo franciscano Fray Bartolomé García de Escañuela en una carta enviada al rey Carlos II, bajo la regencia de Mariana de Austria y le comunicó que los dominicos de Puerto Rico son "de verdad doctos y santos". Para finales del siglo XVII, en 1693, la comunidad dominica en Puerto Rico constaba de veinticuatro religiosos que tenían a su cargo la educación de niños y enseñaban Gramática y Teología (41). En 1694, según el testimonio del capitán D. Alonso de Espinosa, alcalde ordinario de la ciudad de San Juan, el convento de Santo Tomás de Aquino gozaba de un gran prestigio y era a su juicio uno "muy acomodado". San Antonio era un sector de la ribera de Loíza, que era muy productivo y del cual se obtenían cazabe y buen numero de frutos (42). El mencionado capitán D. Alonso de Espinosa hacia referencia en su testimonio de un censo de 6,000 pesos a favor de los frailes dominicos sobre el ingenio azucarero de la ribera de Bayamón, el cual era administrado por D. Gaspar de Olivares (43). El 6 de agosto de 1695 en su carta de los dominicos al rey

Carlos II le informaron lo siguiente:
"Es Señor, este convento del número de 24 religiosos y hoy se hallan con 23. Es el único de esta ciudad, donde se leen Artes y Teología, y adonde aprenden toda la juventud de esta ciudad, desde la Gramática para servir en esta Catedral y ocupar sus prevendas (como lo acreditan todos los que hoy las tienen) y para ejercer los oficios de curas y demás cargos eclesiásticos de la Isla" (44).

La Guerra de Sucesión española y el corsario Miguel Enríquez El Convento Dominico de San Juan

El siglo XVIII fue una época de grandes transformaciones en el vasto imperio español en América y Filipinas, la cual se inicia con una nueva casa real, la de la dinastía francesa de los Borbones en el trono español con la figura del rey Felipe V, quién reinó desde 1701 hasta 1746.

En la isla de Puerto Rico, durante las primeras décadas del siglo XVIII, la población era escasa y la colonia como plaza militar se hallaba en condiciones precarias bajo una economía de subsistencia fundamentalmente de la ganadería y el contrabando afrontando las constantes incursiones de piratas y corsarios que con frecuencia cruzaban las aguas del Caribe. En 1704, en el convento dominico de San Juan, se estableció la cofradía de Santa Rosa de Lima, santa peruana de padre natural de Puerto Rico (Gaspar Flores) y a quién el Papa Clemente X canonizó el 12 de abril de 1671 (45). La Guerra de Sucesión española, un conflicto bélico que duró desde 1701 hasta la firma del Tratado de Utrecht en 1713, fue una tenaz contienda que involucró a buen número de monarquías europeas que se disputaban la corona española. Los efectos de esta guerra se sintieron marcadamente en el Caribe.

Cuadro de Santa Rosa de Lima pintado en Lima, Perú. Propiedad de Ramón Luis Cruz Lamoutte

Fue durante estos tiempos de guerra que en Puerto Rico se destacó la insigne figura de Miguel Enríquez, hijo de una mujer de raza negra natural de Angola, y de oficio zapatero. Miguel Enríquez había recibido una esmerada educación, como lo pone de manifiesto en sus cartas. Ante los frecuentes ataques de piratas en el Caribe, la corona española otorgó patentes de corso o licencias para que se pudiera interceptar a los contrabandistas y piratas enemigos de España. A Miguel Enríquez, hombre de raza negra y constitución fuerte, intrépido e inteligente, le fue otorgada una patente de corso y llegó a ser propietario de un buen número de embarcaciones, lo que le permitió acumular una enorme riqueza económica y alcanzar un gran prestigio en Puerto Rico. En 1713, el rey Felipe V le otorgó a Miguel Enríquez el título de Capitán de Mar y Guerra y Armador de los corsarios de Puerto Rico. Enríquez también fue nombrado Caballero de la Real Efigie. En 1718, el corsario boricua logró expulsar a los ingleses de la isla de Vieques y capturó un botín que le produjo beneficios de más de cien mil pesos (46). En la ribera de Bayamón, Miguel Enríquez era dueño de la hacienda de la Candelaria y de extensas tierras de lo que hoy comprende los municipios de Cataño y Toa Baja. Bajo su patrocinio en el área de El Plantaje se construyó una capilla y en la isleta de San Juan la capilla en honor a Santa Ana, que años mas tarde se convertiría en la capilla de la Venerable Orden Tercera de Santo Domingo.

Corsario Miguel Enríquez

Miguel Enríquez fue un buen amigo de los obispos de Puerto Rico Fray Pedro de la Concepción Urtiaga, franciscano (1706-1713) y Fray Fernando de Valdivia, agustino (1719-1725). También mantuvo buenas relaciones con los frailes del Real Convento de Santo Tomás de Aquino. El convento siempre estuvo bien atendido en sus necesidades económicas gracias a la presta solicitud del corsario.

El año de 1735 no fue de gracia para el Capitán Enríquez. Fue el año en que murió su querido hijo Vicente Enríquez, quién era clérigo. A partir de esa dolorosa perdida y acosado por sus enemigos, el corsario, a los cincuenta y cinco años de edad, decidió refugiarse en el convento de los frailes dominicos, sus fieles amigos y protectores. Las intrigas y las mezquindades humanas, así como ingratitudes de la Corona española se cebaron en el intrépido lobo de mar a quién la buena fortuna que otrora le acompañó ahora le era adversa. Los obispos sucesores de Urtiaga y de Valdivia fueron contrarios en todo momento a la persona de Miguel Enríquez. Sebastián Lorenzo Pizarro y Francisco Pérez Lozano fueron obispos enemigos del corsario.

Iglesia Santo Tomás de Aquino

Durante ocho años permaneció Miguel Enríquez recluído en el convento dominico y es muy posible que profesara como miembro de la Venerable Orden Tercera de Santo Domingo. En sus últimos días de vida, el Capitán Enríquez, el hombre que había gozado de fama, gloria, honores y riqueza se encontraba en el mayor grado de soledad e incomprensión. Solamente le fueron fieles hasta la muerte Antonio Paris Negro, el fraile dominico Andrés Bravo, la Priora del Convento de las monjas carmelitas, la madre Mariana de San José y la hija del corsario, monja carmelita, Rosa Enríquez. Abrumado por el peso de las aflicciones, lo que fue su gallarda vida en el turbulento mar del Caribe y con su prospera actividad llegó a su fin cuando en 1743 murió en el convento de los frailes dominicos. Su hija, la madre Sor Rosa Enríquez, refiriéndose a la muerte de su padre señaló lo siguiente: "...en donde se mantenía en el refugio iba por ocho años, con su muerte lastimosa, pues no recibió mas sacramento que el de la extremaunción, pues fue muerte violenta, y según las voces que corren, le quitaron la vida sus enemigos en una bebida que le dieron" (47).

El 14 de octubre de 1738, el Prior Provincial de la Santa Cruz de las Indias le comunicó al rey Felipe V que a consecuencia del huracán San Leoncio, ocurrido el 12 de septiembre de 1738, "que se destruyó el cañón de la Iglesia que pertenece a la Infantería de presidio donde tienen entierro, y los dormitorios y claustros por ser todos de tejas, no han quedado habitaciones para los religiosos, ni oficinas para los ejercicios literarios, refectorio y otros actos de Religión" (48).

En 1765, cuando el Mariscal de Campo D. Alejandro O'Reilly, irlandés, al servicio de España en Puerto Rico fue encargado de informar a la Corona española sobre las condiciones militares y demográficas de la isla, para ese entonces el convento dominico en San Juan contaba con un grupo de quince frailes presbíteros, cuatro novicios y tres hermanos legos y sirvientes. Para ese entonces la población de la isla arroja 44,883 habitantes, de los cuales 5,037 eran negros esclavos (49).

En la Historia Geográfica, civil y natural de la isla de San Juan Bautista de Puerto Rico, publicada en 1788 por Fray Íñigo Abbad y Lasierra, señala sobre el convento de Porta Coeli en San Germán que:

"El convento de Santo Domingo, situado sobre un precipicio, es poco mas que una casa particular. Nada tiene de recomendable su fábrica; en el habitan tres religiosos que ayudan a la administración del pasto espiritual al párroco de esta Villa, que es vicario eclesiástico con jurisdicción en todo su distrito, hasta los ríos Jacagua y Camuy, igualmente que la del cabildo secular que es el segundo en esta isla" (50).

En 1797, en las memorias del naturalista francés André Pierre Ledrú, se nos presenta un cuadro nada halagador sobre la ciudad capital de Puerto Rico:

"San Juan posee una catedral, un convento de dominicos, otro de franciscanos, una comunidad de monjas de la Orden del Carmen y un hospicio militar fundado en 1615. Las iglesias no ofrecen al ojo del artista alguna cosa digna de ocupar, y los conventos no tienen ni bibliotecas ni cuadros de mediano valor (...) El pueblo se consume en la ignorancia, los frailes y algunas mujeres ensenan a un numero reducido de niños los elementos de la religión y la gramática, y las siete decimas partes de la población de la isla no saben leer" (51).

No olvidemos que, en abril de 1797, los ingleses invadieron la ciudad de San Juan con una escuadra de sesenta y ocho buques bajo el mando del Almirante Sir Henry Harvey y el ejército de desembarco al mando del general Lord Ralph Abercromby. Los ingleses no lograron apoderarse de la ciudad, pero la misma quedó devastada y el convento sufrió los efectos del ataque de "La pérfida Albión" como le llamaba a Inglaterra Napoleón Bonaparte. En dicho ataque inglés y en la defensa de su diócesis se destacó valientemente la figura del obispo fray Juan Bautista de Zengotita y Bengoa, mercedario.

El obispo Fray Juan Bautista de Zengotita de José Campeche

José Campeche, terciario dominico, Primer pintor nacional de Puerto Rico

Durante la segunda mitad del siglo XVIII, la figura dominica que sobresale por su extraordinario talento artístico y su nobleza moral, entre otras virtudes lo es la de un miembro de la Venerable Orden Tercera de Santo Domingo de Guzmán: José Campeche y Jordán. Descendiente de esclavos negros, nació en la ciudad de San Juan el 23 de diciembre de 1751. Vivió estrechamente ligado al mundo religiosos de los dominicos del Convento de Santo Tomás de Aquino y fue un hombre de profundas convicciones en el convento de los frailes y en el seno de su familia de auténticos valores cristianos. Su padre D. Tomás Campeche, tallador, ensamblador, dorador de retablos, adornista y pintor fue su primer maestro. En su formación como pintor, Campeche fue influenciado por el pintor español Luis Paret y Alcázar (1746-1799) quién en 1775 llegó a Puerto Rico como confinado por orden real. Campeche, quién

Grabado de José Campeche

fue su discípulo por espacio de los casi tres años en que Paret permaneció en la isla, llegó a ser el máximo representante de la pintura retratista del siglo XVIII en América Latina y el Caribe. Sin embargo, en un raro detalle, como excelente retratista que era nunca plasmó en sus lienzos figuras de la clase social o la ascendencia étnica de las cuales provenía y se limitó a pintar a miembros de la clase social dominante, a obispos y gobernadores. El que era un hombre negro mestizo, nunca pintó a algún hombre o alguna mujer de raza negra de forma prominente. Sólo pintó algunas personas de raza negra de forma marginal. José Campeche y Jordán, terciario dominico, célibe, fue un hombre de vida apacible y sencilla, sin pretensiones de ninguna índole. Era un hombre de múltiples talentos artísticos y así también dominaba varios instrumentos musicales, siendo la flauta su preferida (52). En 1802 el obispo Juan Bautista de Zengotita le autorizó a que pudiera entrar en la clausura del convento de las monjas carmelitas para que les ensenara música de órgano y canto (53).

Ya en algunas observaciones sobre el arte religioso y el perfil espiritual de Campeche, señalaremos que, como pintor retratista, si bien adoptó el convencionalismo artístico típico de su momento no siempre se limitó a los modelos ya establecidos del arte religioso de su época. Campeche introdujo elementos que le son propios en la forma de entender lo sagrado y religioso, como bien se evidencia en algunos de sus cuadros. Evidentemente que como hombre de fe y profundas convicciones y como dominico de la Orden Tercera que vivió célibe dedicado a su arte, a su familia y a su vocación cristiana, reflejaba en sus cuadros su visión religiosa del mundo. Campeche pintó alrededor de quinientos cuadros, en su mayoría de temas religiosos. Como ya antes mencionado, fue educado en el convento dominico de San Juan y recibió una esmerada formación religiosa como miembro de la Orden de Predicadores (54). Su "Santo Domingo Soriano" es un excelente retrato del fundador de los dominicos, cuyo rostro refleja la dimensión teandrica del santo. Evidentemente que Campeche como dominico seglar era devoto de Santo Domingo y que no pinta por un simple encargo sino que para él, pintarlo debió de ser una experiencia espiritual de profundo significado. La constelación de estrellas que se destaca en la capa negra de Santo Domingo le imprime cierta antillanía y sabor propio.

Como dominico de la Orden Tercera, José Campeche nos cuenta Alejandro Tapia y Rivera, regía su vida al ritmo de la vida en el Convento de Santo Tomás de Aquino. Temprano en la mañana comenzaba su jornada con la participación de la Santa Misa en la iglesia conventual. Luego salía de la amurallada ciudad y paseaba por el campo, observando y contemplando la naturaleza que le era fuente de inspiración y sosiego espiritual. Luego de regreso del campo se encerraba en su estudio en donde permanecía hasta la hora de la cena. Acostumbraba a dedicar cierto tiempo al juego de billar para expandirse y relajarse y una vez mas volvía a su recorrido por el campo (55). Al toque del Ángelus, se dirigía al convento para el rezo del Rosario. Por la noche, de regreso a su casa se reunía con sus amigos miembros del cabildo eclesiástico o alguna familia distinguida de la ciudad para conversar y tocar algún instrumento de música (56). Resulta de sumo interés el ritmo apacible y conventual en la vida de Campeche. Era un hombre de paz y equilibrio interior. Como ya hemos señalado siempre vivió imbuído en el mundo dominico de San Juan al igual que sus padres y demás hermanas y hermanos que también pertenecían a la Orden Tercera de Santo Domingo. Fue un hombre con un elevado sentido del deber para con su familia. Hasta el 1802 año en que muere su madre, tiene a su cargo la manutención del once personas huérfanas que el alimentó y educó (57).

Merece mencionarse la excelente descripción que realiza Alejandro Tapia cuando pone de manifiesto rasgos de la personalidad y la elevada conducta moral de Campeche: "Era el pintor de buena estatura, un tanto delgado y ágil de miembros, de color sonrosado al par que trigueño, lacio el cabello y pardos los ojos. De maneras excelentes, sobrio en sus comidas, enemigo de los licores y muy efecto a todo lo que fuese honesto y agradable" (58). Podemos señalar que en el cuadro físico y moral que nos presenta Tapia de Campeche se evidencia el rigor moralista que caracterizaba la vida del artista. Como al respecto nos señala Arturo Dávila: "Campeche es un hijo de la formación rigorista y casi jansenista de las aulas dominicas del siglo XVIII (59). Esta formación propia del ambiente conventual de su época, caracterizada por el predominio de Dios en la vida cotidiana, el rigorismo moral y el temor al pecado se refleja en la obra pictórica de Campeche en la que se cuidara en todo momento de no pintar cuerpos desnudos. Esta visión de la realidad se evidencia con cierta claridad en algunas de sus obras. En sus cuadros de Santo Tomás de Aquino, Santo Domingo de Guzmán, San Francisco de Asís, La visión de San Felipe Benicio, el Beato Salvador de Horta, San Sebastián, Santa Teresa de Jesús y San Alberto confesor se presenta a estos santos y santas en estado alfa, elevados del mundo material. El artista solo puntualiza en ellos el aspecto divino,

Cuadro del pintor José Campeche de Ramón Atiles

Retrato de la doctora mística Santa Teresa de Jesús de José Campeche

como se puede ver en el cuadro de San José y el Niño. Jesús caminando y cogidos de la mano, en el cual nos llama la mirada no convencional, angelical y poco humana del Niño Jesús. Se evidencia aquí una cristología de corte monofisita.

José Campeche fue llorado por todo un pueblo que le admiraba y valoraba su talento artístico y su auténtica religiosidad cuando murió el 7 de noviembre de 1809. Lucia y María Loneto, a los cuatro meses de la muerte de su hermano señalaban: "Murió pobre, y dejó pobreza a sus hermanos, pues aun la casa que habitaban esta empeñada en bastantes cantidades, al paso que necesita muchos reparos por haberse declarado contagio su ultima enfermedad" (60). José Campeche y Jordán fue enterrado en la cripta de la capilla del Rosario de la Iglesia conventual de Santo Tomás de Aquino (61).

Casa natal de José Campeche, Viejo San Juan, Puerto Rico

Miguel Xiorro y Velasco, benefactor, terciario dominico y promotor de la educación.

No solamente la figura emblemática de José Campeche se destaca entre los miembros de la Venerable Orden Tercera de Santo Domingo de Guzmán durante la segunda mitad del siglo XVIII en Puerto Rico. Otra destacada figura, poco conocida pero cuyo ejemplo de vida nos permite poder conocer la extraordinaria labor realizada como dominico seglar y en particular como benefactor y promotor de la educación pública en Puerto Rico es la de Miguel Xiorro y Velasco, quién nació en San Juan y fue bautizado el 16 de noviembre de 1743. Su padre fue el Capitán de Infantería D. Severino Xiorro y Díaz y su madre Doña María Manuela Velasco, quién al igual que su esposo era dueña de una gran fortuna económica (62). Su hijo Miguel Xiorro y Velasco, que fue el heredero de aquella cuantiosa fortuna, fue educado al amparo de los reverendos frailes dominicos de San Juan. A pesar de sus cuantiosos bienes materiales, Miguel Xiorro vivió de forma sencilla y como miembro activo de la Orden Dominica. Fue un hombre de gran generosidad y dotó de sus rentas el dinero suficiente para una clase de Gramática Latina a perpetuidad. Señala el historiador Cayetano Coll y Toste que: "Quiso que todas sus casas de la capital no se vendieran jamás y que sus rentas se consagraran, primero a ayudar a la construcción de un edificio dedicado a los seminarios, y después a dotar 12 becas de educación a los pobres que siguieron la carrera de sacerdote" (63). Miguel Xiorro, hombre de acrisolada fe católica, era un fiel devoto de las reverendas Monjas Carmelitas de San Juan, a quienes les obsequió con un órgano de música y dotó con una renta a perpetuidad de cien pesos para un organista (64). Las rentas de las propiedades de Miguel Xiorro fueron invertidas en la construcción en 1832 del Seminario Conciliar ubicado en la calle del Cristo y que en la actualidad es la sede del Centro de Estudios Avanzados de Puerto Rico y el Caribe. Una de sus importantes residencias y propiedades que generaba buenas rentas quedaba ubicada en la cuadra que hoy comprende las calles frente al edificio del Ayuntamiento de San Juan (65). Sin duda que la eminente figura de Miguel Xiorro y Velasco es merecedora de un profundo estudio que

Antiguo Convento de las Monjas Carmelitas del Viejo San Juan, Puerto Rico

nos permita conocer toda la grandeza de su obra como dominico seglar sobre todo en su encomiable y generosa dedicación en favor de la educación puertorriqueña. El Dr. Cayetano Coll y Toste nos señala que Miguel Xiorro "tuvo un momento luminoso y áureo que lo hace acreedor a nuestra eterna gratitud, y este fue al dictar su testamento el 2 de diciembre de 1801. El aquel feliz instante dio a conocer lo diamantino de su alma, la nobleza de su corazón y su férrea voluntad de benefactor. Donó todos sus bienes para la instrucción en Puerto Rico" (66). Antonio Cuesa Mendoza nos señala que "El mas notable de los Terciarios Dominicos fue Xiorro, fundador de las 12 becas del Seminario Conciliar. Merece igualmente especial mención por hermano terciario dominico y por alumno del Colegio de Santo Tomás, el Dr. Antonio de Mena, profesor de Moral en la catedral, quién al morir legó su birreta doctoralicia al titular de la iglesia de los dominicos" (67).

El Real Convento de Santo Tomás de Aquino durante la segunda mitad del siglo XVIII y el Caribe insurgente.

En el año de 1788, por Real Orden se les autorizó a los reverendos frailes del Convento de Santo Tomás ofrecer clases de filosofía. Para esa misma fecha la isla contaba con sesenta y dos sacerdotes del clero secular, cuarenta y cinco religiosos franciscanos y dominicos y diecinueve monjas carmelitas (68).

El 18 de diciembre de 1795 el cabildo de la catedral de San Juan le envió una carta al rey Carlos IV solicitándole que a raíz de que en virtud del Tratado de Basilea (22 de julio de 1795) la parte española de Santo Domingo había sido traspasada a Francia, que entonces la Universidad de Santo Domingo fundada en 1538 pudiera trasladarse a Puerto Rico"... por haberse enajenado de la corona aquella isla la que haría falta a la juventud de Puerto Rico que ya dedicada a ciencias o letras pasaba allí a estudiar o graduarse con los estudios cursados en el convento de Padres Predicadores, habilitador para esos estudios, por el Real Decreto de 4 de agosto de 1788" (69). Sin embargo tal deseo de parte del Cabildo Catedra-

Iglesia Santo Tomás de Aquino (San José) Contrafuertes

licio de San Juan nunca llegó a realizarse.

El 20 de septiembre de 1799 en el testimonio de la visita pastoral del obispo Fray Juan Bautista de Zengotita señalaba: "No hay en todo este obispado sino solo 3 conventos: uno de padres predicadores con 17 religiosos, otro de padres franciscanos con 19 individuos, y el tercero de religiosas carmelitas calzadas con 18 monjas profesas y 5 novicias – todos tres en la capital -; y un pequeño hospicio de religiosos dominicos, con un solo individuo, en la Villa de San Germán. Todos ellos contribuyen bastante para suplir la falta de eclesiásticos seculares en el pasto espiritual de las almas. Tienen sus estudios de filosofía y teología, y aun enseñan la moral y gramática: pero estas escuelas de enseñanza no tienen la formalidad y gravedad que se requiere para que produzcan los efectos favorables que debieran" (70).

En enero de 1801, Toussaint L'Overture invadió a Santo Domingo desde la parte de Haití de la isla, lo que provocó la emigración de los frailes dominicos desde La Española, que se refugiaron entonces en los conventos de La Habana, San Juan de Puerto Rico y Caracas en Venezuela. El 7 de noviembre de 1809, en la batalla de Palo Hincado en El Seibo el militar dominicano Juan Sánchez Ramírez al frente del movimiento La Reconquista, en el que participó activamente Ramón Power y Giralt, con la ayuda de los ingleses y el apoyo moral del obispo Juan Alejo de Arizmendi se comenzaba a ganar la guerra contra los franceses en Santo Domingo para restablecer la soberanía española (71).

Incidente de discordia en el Convento Dominico de Santo Tomás de Aquino durante el episcopado de Juan Alejo de Arizmendi.

A Puerto Rico, por su estratégica posición geográfica llegaba buen número de barcos y otras embarcaciones con tripulantes y viajeros que mantenían a la clase dirigente al tanto de los cambios políticos y sociales que ya comenzaban a darse en América del Sur, como fueron los principales sucesos ocurridos a partir del 19 de abril de 1810 con el establecimiento de la Junta de Caracas y la destitución del Capitán General D. Vicente Emparan y del gobernador de Cartagena de Indias D. Francisco Montes, hermano de D. Toribio Montes, gobernador de Puerto Rico (1804 – 1809).

Estos acontecimientos políticos ocurridos en Tierra Firme fueron tema de discusión y disconformidad en el Real Convento de Santo Tomás de Aquino de San Juan, donde en una comida celebrada con motivo del día de Santo Domingo de Guzmán el 4 de agosto de 1810 el Vicario y Provisor General de la diócesis, el presbítero D. José Gutiérrez del Arroyo expresó: "... que cuando las autoridades constituidas o el jefe que manda la fuerza abusa de ella, violando las leyes con perjuicio de los súbditos, estos debían no obedecerles y aun contenerle". En respuesta a las palabras vertidas por el Vicario y Provisor General, el Teniente Coronel D. Lorenzo Ortiz de Zárate replicó argumentando que el apóstol San Pablo prescribía la necesidad y la obligación de obedecer a los superiores, aunque fuera que abusaran del poder e indicó que mejor un vivir bajo un

Presbítero D. José Gutiérrez del Arroyo.
Retrato miniatura de Joaquín J. Goyena

déspota que en la anarquía. La acalorada disputa entre el Vicario Gutiérrez del Arroyo y el Teniente Ortiz de Zárate se tornó tensa y comenzaron a caldearse los ánimos de los allí reunidos. La discusión generada en el convento dominico puso de manifiesto las diferencias ideológicas entre los miembros mas representativos de la sociedad de San Juan (72).

El 5 de octubre de 1810, un religioso dominico del convento Santo Tomás de Aquino llegó al puerto de La Guayra en un barco contrabandista. Se había embarcado sin licencia por el puerto de Humacao. El fraile dominico llevaba noticias de que, en Puerto Rico, "...se ocultaban allí las noticias a pesar de venir barcos de Europa; pero que por trascendencia se sabia, que el General Marena después de haber tomado a Ciudad Rodrigo, iba sobre Almeyda, y que todos juzgaban que ya estaría tomada (73). Señalaba el religioso que los naturales de Puerto Rico opinaban igual que en España y con el mismo entusiasmo que los de Caracas, y que solo eran contrarios a estas ideas algunos europeos" (74).

Gobernador D. Salvador Meléndez Bruna

El asunto se agravó cuando llegó a conocimiento del gobernador D. Salvador Meléndez Bruna, quién favoreció la información suministrada por el teniente coronel en contra del señor Provisor.

El Dr. Gutiérrez del Arroyo en todo momento señaló en su defensa en el sumario sometido al obispo Arizmendi, que se lamentaba de que la persecución de que había sido objeto proviniera de individuos que, como el teniente coronel Zárate, eran de escasos conocimientos para comprender lo que verdaderamente ocurrió en Cartagena en junio de 1810 cuando el Cabildo de dicha ciudad depuso al gobernador Francisco Montes al este no cumplir con su compromiso de gobernar con los concejales de la Junta Autónoma de Gobierno (75). El Gobernador Montes fue arrestado por miembros del Regimiento Fijo y fue deportado a La Habana.

El gobernador Salvador Meléndez Bruna levantó un sumario para hacer las debidas averiguaciones para describir el verdadero alcance que pudo tener la discusión ocurrida en el convento de los dominicos. El gobernador le escribe al obispo Arizmendi: "Ylustrisimo Señor Obispo = Todavía no sabemos quienes son los reos que podrán resaltar de las averiguaciones que he mandado hacer sobre cierta conversación que ocurrió en la Mesa del día cuatro en el Convento de Padres Predicadores. A su tiempo si hubiese algún reo, o cómplice que no sea de mi jurisdicción se pasara la culpa y cargo donde corresponda, sea al Tribunal de VSY o al de algún otro Juez privilegiado. Yo quisiera que VSY volviera a leer su oficio de este día con la frescura, mansedumbre y espíritu original derramado en una pieza que he visto con fecha de diez y seis de febrero de mil ochocientos siete, en que VSY se mostró mas piadoso que severo, mas caritativo y suave que rígido, y austero, y sobre todo un Prelado mas del Cielo que de la tierra" (76).

Obispo Juan Alejo de Arizmendi

El 6 de noviembre de 1810, el Obispo Arizmendi envió a España el expediente instruido por el gobernador Meléndez Bruna contra el presbítero D. José Gutiérrez del Arroyo. El Obispo encontró extraños los procedimientos utilizados por el gobernador contra el provisor de la diócesis, a quién consideró imprudente en sus acciones "forzando por las ideas de venganza disimuladas bajo un aparente celo de autoridad". Arizmendi solicita a las autoridades de la Península que se restablezca el "honor vulnerado" del Dr. Gutiérrez del Arroyo (77).

El "Trienio Liberal" en España y sus efectos en Puerto Rico

Con la juramentación por el rey Fernando VII de la constitución del 1812, en marzo de 1820 se dio comienzo en España al llamado "Trienio Liberal" que concluyó en septiembre de 1823, con la restauración del régimen absolutista (78). Durante este trienio los liberales intentaron llevar el gobierno en España. El rey Fernando VII, aunque juramentó la Constitución del 1812, no se sentía a gusto ni le tenía confianza al gobierno de los liberales, por lo que "alentará la oposición armada de los absolutistas y entablará contacto con las cortes extranjeras incitando a la intervención" (79).

Durante estos tres difíciles años de la historia española se intentó restablecer la situación política en España anterior a la llegada de Fernando VII en 1814, es decir, continuando con la revolución liberal comenzada en las Cortes de Cádiz (80). Entre aquellos cambios que llegaron a realizarse el 11 de diciembre de 1820 se suprimieron los mayorazgos y las vinculaciones mediante los cuales los nobles e hidalgos tuvieron la posibilidad de vender sus tierras (81). En lo relativo a la desamortización eclesiástica se pusieron trabas legales "al mantenimiento de los bienes eclesiásticos" (82). Todavía se suprimió nuevamente el Tribunal del Santo Oficio (Inquisición) y se restableció la libertad de imprenta, entre otra serie de importantes medidas (83).

La política del Trienio liberal tuvo sus efectos y consecuencias en las Antillas. Las leyes de desamortización que habían comenzado a regir en España a finales del siglo XVIII fueron restablecidas durante el gobierno de Trienio liberal y mediante estas se decretaba la supresión de los monasterios de ordenes monacales. Si bien estas leyes regían en España y no afectaba en rigor a los conventos de Puerto Rico y Cuba, sin embargo se dispuso entonces que fueran aplicadas aquí el 12 de febrero de 1821 (84). Fue así como fueron suprimidos el Convento de Santo Tomás de Aquino y el Convento de San Francisco de Asís de los frailes franciscanos de San Juan. El último Regente de Estudios en el convento dominico lo fue el venerable fraile José Félix Ravelo, quién se

Fray José Ravelo, O.P.

había desempeñado como catedrático durante muchos años en San Juan de Puerto Rico, Caracas, en Venezuela y en Santo Domingo en La Española. Durante cuatro años se desempeñó como Rector de la Universidad de La Habana y había desempeñado los cargos de académico de Maestro y de la Provincia de la Santa Cruz de las Indias (85). La Ley de exclaustración prevenía que a los religiosos sexagenarios, como lo era en el caso de fray José Félix Ravelo, se les otorgara una ayuda económica de seiscientos pesos anuales, pues los religiosos dominicos quedaban "privadas de la propiedad y administración de sus bienes conventuales, que pasaban a poder del Gobierno" (86). Fray José Félix Ravelo se opuso a tener que verse obligado a despojarse de su hábito dominico como también a tener que abandonar el convento y tuvo que acogerse a una mísera pensión de cien pesos anuales (87). Según señala Antonio Cuesta Mendoza, como fray Ravelo "...no pudiera pagar la renta de diez pesos mensuales que se le exigía por el usufructo de su celda provincialicia en el piso alto, fuele forzoso abandonarla y acogerse a una del piso inferior de cuatro pesos mensuales, como si fuere un pobre y miserable inquilino. Allí pasó sus últimos días y allí rindió su espíritu al Creador, el último Regente de Estudios de Santo Tomás de Aquino" (88).

Las propiedades de los frailes dominicos; las leyes de desamortización y la crisis política en España

Desde comienzos de su construcción en 1523 y a lo largo de su historia hasta la primera mitad del siglo XIX al Convento de San-

to Tomás de Aquino de San Juan estaban añadidas otras propiedades y grandes extensiones de tierras. Entre estas se encontraba el hato denominado Cangrejos Arriba de trece caballerías de tierra y en el cual estaban establecidos alrededor de dieciséis labradores arrendatarios entre los que se encontraban D. Felipe Navarro, D. Vicente Pizarro, D. Enrique Vieus y Pedro Rivera, quienes pagaban unos cuarenta pesos de renta anual (89). En la ribera de Loiza, los frailes dominicos también eran propietarios de una finca de catorce caballerías y, según la historiadora Juana Gil-Bermejo García, esta finca de Loiza "...que propusieron en renta en 1837, a D. Casimiro Capetillo por 800 pesos anuales, pero el arrendamiento no se llevó a efecto por estar establecidos en ella algunos negros que se negaban a dejar sus cultivos, pese a que no pagaban la modesta renta que debían. Esta finca disponía de una modesta edificación techada de yaguas, 16 esclavos, así como cierto numero de palmas de coco y arboles frutales" (90). Los censos de mayor rentabilidad económica correspondían a las siguientes fincas:
En Rio Piedras, la de D. Francisco de la O. Pacheco por importe de 1,100 pesos.
En Rio Piedras, la finca del clérigo D. Pedro Marcelino Quiara, que estaba agravada en un capital de 1,000 pesos.
En Naguabo, la finca de D. Jorge Birds, por un importe de 500 pesos.
En Trujillo Alto, la finca de D. Federico Saint Just, por un importe de 500 pesos. (91)

Sobre los censos y fincas urbanas no señala Juana Gil-Bermejo García que: "Aunque este tipo de bienes no afecta a la materia de nuestro trabajo, creemos conveniente consignarlos. Disponían de unos 100 censos, cuyo capital ascendía a la cifra de 26,425 pesos, impuestos sobre casas de la capital ubicadas en su mayoría en las calles Sol, San Francisco, Luna y de la Fortaleza. La cuantía de los gravámenes era, por término medio, de unos 100 a 500 pesos, siendo el mas alto de ellos el que gravaba la casa del Licenciado D. José Rivera, en la calle Luna, por importe de 987 pesos. Le seguía con 720 la imposición, sin escritura, de la casa de D. Julián Sarrera, situada en la calle Sol. Unos 700 era el gravamen de la casa de D. Manuel González, en la calle del Cristo, y 650 sobre la del coronel D. Rafael Sevilla, situada en la esquina de la plaza de Santiago. Citemos finalmente, como censo singular, el que gravaba la cárcel de San Juan, con 500 pesos, según escritura convenida entre los religiosos y el Cabildo. Como para las fincas de campo, el interés anual era del 5%" (92).

El 4 de enero de 1841, el gobernador de Puerto Rico, D. Santiago Méndez Vigo, por un decreto mandó a establecer en San Juan una Casa de Reclusión y Beneficencia para ambos sexos cuya obra de construcción se comenzó el 6 de agosto de 1842 en los terrenos del oeste de la huerta perteneciente a los frailes dominicos del Convento de Santo Tomás de Aquino (93).

Iglesia dominica de Porta Coeli, San Germán, Puerto Rico

Al convento dominico de Porta Coeli en San Germán se añadía como propiedad una finca de 70 cuerdas con un valor de 30 pesos por cuerda y que se encontraba arrendada en 290 pesos mensuales. El capital del convento de Porta Coeli era modesto, de unos 6,869 pesos. Los dominicos contaban con fincas en Cabo Rojo, San Sebastián del Pepino, Aguadilla, Arecibo, Yauco, Toa Baja, Utuado, Caguas, Rincón, Ponce, Loiza y Sabana Grande (94). Pero todas estas fincas, propiedad de los frailes dominicos, fueron progresivamente expropiadas por el Estado Español durante la primera mitad del siglo XIX.

En España, a partir de 1836 se comenzaron las desamortizaciones eclesiásticas bajo el gobierno de D. Juan Álvarez de Mendizábal, político liberal y economista de origen sefardita (1790-1853). Bajo su gobierno se intentó hacer de España un Estado moderno

D. Juan Álvarez Mendizábal

basado en las teorías económicas de Adam Smith. Mendizábal era miembro del Partido Progresista, heredero del movimiento de los doceañistas y la reforma de la Constitución de Cádiz de 1812. En España, la Orden de Predicadores se disolvió y solo quedó en pie el convento de Ocaña, provincia de Toledo, con la finalidad de agrupar los misioneros para el Extremo Oriente. En Salamanca, el convento y la Iglesia de San Esteban pasaron a ser propiedad del Obispado. El gobierno se apropió de una parte del convento designándola para un cuartel militar de caballería (95).

Reina María Cristina de Borbón

El 17 de octubre de 1840, la reina María Cristina de Borbón de Dos Sicilias se vió obligada a ceder la regencia al general español Baldomero Espartero, bajo cuyo régimen de carácter autoritario más que liberal se continuó con las políticas de desamortización mediante la cual se nacionalizaron los bienes de la Iglesia Católica, lo que provocó una ruptura diplomática con el papa Gregorio XVI. La reina María Cristina de Borbón se exilió en Roma y luego en Paris. Murió en Sainte-Adresse, Francia, el 22 de agosto de 1878 (96). España atravesaba a por una profunda crisis política. En 1843 cayó la regencia de Espartero y fue declarada la mayoría de edad de Isabel II, quien reinará hasta su destronamiento en 1868 con la "Revolución de Septiembre". En Puerto Rico en ese mismo mes y año, el día 23 de septiembre de 1868, se llevó a cabo el Grito de Lares, que fue un intento de establecer la República de Puerto Rico. El 10 de octubre de 1868 dio comienzo la lucha independentista de Cuba con el Grito de Yara, en el ingenio La Demajagua, una antigua finca propiedad de los frailes dominicos de Bayamo. En España no debe dejarse de señalar que durante estos agitados años también se dio una relativa recuperación económica, a pesar de la crisis política que se vivía. Las guerras carlistas (97), la epidemia del cólera morbo y la emigración hacia América fueron factores entre otros que gravitaban alrededor de la situación sociopolítica y religiosa en España durante la primera mitad del siglo XIX. Sin embargo, como ejemplo, la industria textil catalana lograba colocarse en cuarto lugar a nivel mundial (98).

Durante los años de la España de la regencia de María Cristina de Borbón, durante la minoría de edad de Isabel II, bajo el gobierno de Juan Álvarez de Mendizábal, en que se incrementaron la aplicación de las leyes de desamortización así como el anticlericalismo, esta política no dejó de tener sus efectos evidentes en Cuba y Puerto Rico. Ya desde 1821 se había ordenado la exclaustración de las ordenes religiosas y en 1838, bajo Mendizábal, se llevó a cabo la incautación de los bienes según lo dispuesto por el Decreto de Extinción de Regulares (1 de febrero de 1836). Así, el edificio del convento de Santo Tomás de Aquino en San Juan, desde el año 1839 hasta 1843, año en que fue convertido en cuartel para la caballería de milicianos de Puerto Rico, pasó a la Real Audiencia (99) y el antiguo edificio sufrió daños como consecuencia de los terremotos y el huracán San Narciso, registrados en Puerto Rico a finales de octubre de 1867, siendo reparado en 1870. En 1863, las tropas españolas desalojaron el edificio conventual y en 1867 la Real Audiencia Territorial ocupó la Casa de noviciado y la parte norte del edificio (100).

Fray Joaquín de Aldea, último dominico puertorriqueño del extinto convento de Santo Tomás de Aquino, 1858 y los Padres Jesuitas y Paules.

A partir del año 1821 hasta 1858, la otrora tan activa Orden de Predicadores en su extinto convento de Santo Tomás de Aquino, había comenzado su proceso de extinción una vez el antiguo monasterio se nacionaliza en virtud de las leyes de desamortización. Igual suerte se dio con el convento de San Francisco de Asís en el Viejo San Juan. El último fraile dominico puertorriqueño en los finales de aquella historia de trescientos cuarenta y ocho años lo fue fray Joaquín de Aldea, quién en su última correspondencia oficial durante los años de 1854 a 1858 se refería al "Convento e Iglesia de Santo Domingo" (101). Fray Joaquín de Aldea hizo la entrega del extinto convento dominico a la Compañía de Jesús, de los Padres Jesuitas, quienes llegaron a Puerto Rico el 2 de mayo de 1858 (102), para hacerse cargo del Seminario Conciliar de San Juan, cuya apertura se llevó a cabo el 12 de octubre de 1832. Fueron los jesuitas los que le cambiaron el nombre de Santo Tomás de Aquino por el de Iglesia San José. Por Real Orden del 11 de mayo de 1864, les fueron concedidos 3,992 pesos para enlosar la Iglesia con un nuevo pavimento en mármol (103).

Fachada de la Iglesia San José

Cuando años después, el 11 de diciembre de 1887, los jesuitas abandonaron a Puerto Rico, los Reverendos Padres Paúles se hicieron cargo de la antigua iglesia conventual. Nos señala el Padre Emilio Tobar, C.M.: "Los Padre Paúles han sabido animar y fomentar la restauración de las diferentes piezas artísticas que hay en la Iglesia: El *Cuadro de la Virgen de Belén* y el *Cristo de los Ponce*. Su anhelo es conseguir que se haga lo mismo con los Cuadros de Oller, y las Pinturas de Campeche y los Murales que van siendo descubiertos en la Capilla del Rosario. Se han abierto al público tres criptas de interés histórico: La de Los Ponce de León, la de Los Gobernadores de Puerto Rico y la de La Candelaria" (104).

Posteriormente, cuando el obispado de San Juan fue elevado a Arquidiócesis, el 30 de abril de 1960 bajo el episcopado de

Monseñor Pedro Jaime Davis, la Iglesia de San José, antigua iglesia dominica de Santo Tomás de Aquino, fue transferida a la arquidiócesis de San Juan. En 1987, con motivo de la visita de los Reyes de España a Puerto Rico, donaron un antiguo retablo español para la Iglesia San José.

Ya en 1999, desde el comienzo del episcopado de Monseñor Roberto González Nieves, OFM, la "Iglesia de San José" se encuentra en reconstrucción.

La Venerable Orden Tercera de Santo Domingo Soriano, establecida en el Convento de Santo Tomás de Aquino

En el siglo XIII, en la región de Occitania, al sur de Francia, Santo Domingo de Guzmán fundó la Orden de Frailes Predicadores, la que alcanzó su aprobación por el papa Honorio III el 22 de diciembre de 1216. La primera fundación de la Orden lo fue la de las monjas de clausura en Proville, Francia. La segunda rama fue la de los frailes dominicos (presbíteros y hermanos religiosos) y la Tercera rama o Tercera Orden de Penitencia de Santo Domingo (105).

Cuadro de Santo Domingo de Guzmán por José Campeche

En Puerto Rico, una vez se establecieron los frailes dominicos en el Convento de Santo Domingo, luego conocido como Convento de Santo Tomás de Aquino, se instituyó la Tercera Orden de Penitencia de Santo Domingo, conocida como la de los terciarios (as) seglares dominicos (as). Al amparo del convento dominico, un buen número de hombres y mujeres entraron a formar parte integrante de la Orden de Predicadores. Ya hemos mencionado como lo fueron a nivel internacional Santa Catalina de Siena y Santa Rosa de Lima, y en Puerto Rico el pintor José Campeche y su familia, así como a Miguel Xiorro y Velasco, entre otros terciarios dominicos que se destacaron por la riqueza de sus múltiples talentos y se dedicaron a la penitencia y a la practica de las obras de misericordia.

Cuando en 1858 fue entregada la Iglesia de Santo Tomás de Aquino a los Padres Jesuitas, poniéndose fin a la presencia de la rama de los frailes dominicos en Puerto Rico, la Orden de Predicadores continuó su trabajo apostólico a través de la Venerable Orden Terciaria de Santo Domingo de Guzmán. Los terciarios dominicos se trasladaron a la antigua iglesia de Santa Ana, en el Viejo San Juan, iglesia que había sido establecida por el buen amigo de los dominicos, el corsario boricua Miguel Enríquez.

En el libro de "Escrituras de Capitales de la Venerable Orden Tercera de Santo Domingo" se registran los capitales, propiedades y escrituras de los terciarios (hombres y mujeres), desde el año 1792 hasta 1898. En una carta de dichas escrituras, encontramos este documento, entre otros, que ponen en evidencia la existencia de la Venerable Orden Tercera de Santo Domingo durante la segunda mitad del siglo XIX:

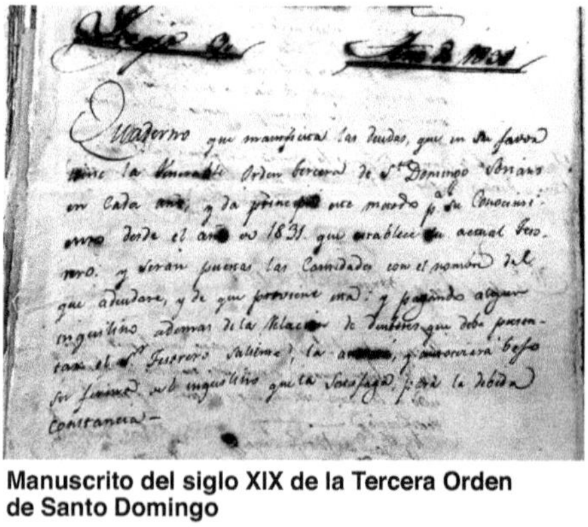

Manuscrito del siglo XIX de la Tercera Orden de Santo Domingo

"Sra. Da. Ramona Savignon,

Puerto Rico, 19 de julio de 1862

Muy Sra. Mia y de mi mayor consideración: la Junta de la Orden 3ª dominica, de que soy Prior, se ha enterado de que la casa que perteneció a José Cruzado y que tenia hipotecada por el capital de 500 pesos a favor de la Orden, ha sido fraccionada, vendiéndose a V. una parte con el convenio de quedar en ella no solo ese capital sino algunos otros que gravaban toda la finca: este convenio se ha celebrado sin conocimiento y contra la voluntad de la Orden, puesto que cuando se solicitó el permiso para hacer ese traspaso fue negado: hoy existen una verdadera confusión que puede traer (ilegible) perjuicios a los tenedores de la finca dividida; y deseando evitarlos la Junta ha acordado que la actual poseedora justifique el valor de la parte de cas que ha de quedar gravada con el fin de ver si puede verificarse el reconocimiento y aclarar la mencionada confusión.

Aprovecho esta oportunidad para despedirse su atento H. (sic) g. b. s. m.

D. J. A. (Diego J. Alonso)". (106)

Como hemos podido advertir, la Venerable Orden Tercera de Santo Domingo continuó activa en San Juan, así como en Yauco y en otros municipios hasta la llegada de los frailes dominicos holandeses en 1904, que entonces reunieron a muchos de estos terciarios y establecieron nuevas fraternidades dominicas de seglares.

La invasión de los Estados Unidos y el antiguo Convento de Santo Tomás de Aquino y su Iglesia en 1898-1903.

El barco Maine en la Habana, 1898

El 15 de febrero de 1898, cuando ocurrió el estallido del acorazado estadounidense Maine, anclado en la bahía de La Habana en Cuba, esto sirvió del pretexto que necesitaban los Estados Unidos para comenzar las hostilidades bélicas contra España en el Caribe. La explosión causó la muerte de 258 hombres entre la tripulación y militares a bordo. Luego de ser aprobado por el Senado y la Cámara de Representantes en Washington, el presidente William McKinley dispuso la declaración de guerra el 20 de abril de 1898 y cinco días después proclamó un bloqueo contra Cuba y Puerto Rico, lo que provoco una crisis económica en ambos países. El 12 de mayo de 1898, el almirante William Sampson, aún sin tener órdenes para ello, bombardeó durante tres horas la ciudad de San Juan con el objetivo de ocupar dicha plaza. El bombardeo provocó gran pánico y pavor en la población y tuvieron daños severos importantes edificios, como al respecto señala el capitán de artillería puertorriqueño Ángel Rivero Méndez: "La Catedral y la Iglesia San José quedaron averiadas. Casa Blanca, el Seminario Conciliar y las casas #7,9 y 11 del recinto de

Cuartel de Ballajá bombardeado en 1898

Ballajá sufrieron desperfectos de consideración" (107).

El 25 de julio de 1898, el general Nelson A. Miles, aquel que tuvo a su mando las crueles incursiones contra los indios del oeste de los Estados Unidos, en particular la feroz persecución del indómito Gerónimo, jefe militar de los apaches, invadió a Puerto Rico por el poblado de Guánica al suroeste de la isla. Ya Santiago de Cuba había sucumbido el 17 de julio de 1898 y la escuadra española sería denotada en el archipiélago de las Filipinas. El general Miles se apresuró a invadir y ocupar a Puerto Rico antes de que España solicitara la paz (108). Fue así como en la Guerra Hispano-cubana-americana de 1898 se concluyeron los procesos del cambio de mando en la isla y Puerto Rico comenzó entonces en su camino de un profundo cambio histórico. Desde el 25 de noviembre de 1897, Puerto Rico comenzó con la formación de un gobierno autonómico. En virtud de la Carta Autonómica se

Iglesia de San Tomás de Aquino bombardeada en 1898

establecen un Parlamento insular y se mantenía la Diputación Provincial de Puerto Rico. El régimen autonómico entró en vigor el 10 de febrero de 1898. El 10 de diciembre de 1898 se llevó a cabo la firma del Tratado de Paris, el acuerdo de paz entre España y los Estados Unidos y que fue ratificado por el Congreso en Washington y tratado contra el cual años mas tarde el Lcdo. Pedro Albizu Campos protestaría con los más solidos argumentos jurídicos y morales denunciando su nulidad (109). A raíz de la invasión militar de los Estados Unidos a Puerto Rico, la Iglesia Católica en la isla se vio en el grave problema de tener que defender sus propiedades y su propia "personalidad jurídica" ante el nuevo gobierno interventor.

En virtud del Tratado de Paris que puso fin a las hostilidades entre Estados Unidos y España, los edificios, fortalezas, vías públicas y otros bienes inmuebles que eran de dominio público bajo la Corona Española en Puerto Rico, fueron cedidos a los Estados Unidos como ya hemos señalado como botín de guerra. En el Articulo VIII del Tratado de Paris, se declaraba que la cesión de Puerto Rico a Estados Unidos no incluía las propiedades y bienes de corporaciones civiles o eclesiásticas (110). A tenor de este artículo, los bienes y propiedades que poseía la Iglesia o que legítima-

Convento dominico, 1900

mente le pertenecían, aun cuando ocurriera la cesión de la Isla, la Iglesia no los administraba como fue el caso de los conventos de los frailes dominicos y franciscanos de San Juan, así como también de otras propiedades de dichos ordenes religiosas (111).

La defensa del derecho de propiedad de la Iglesia Católica sobre los bienes eclesiásticos que en 1898 estaban en manos del gobierno español, ocasionó una serie de litigios legales en Puerto Rico. Sobre el particular señala el Lcdo. Juan Gelpí Barrios: "La actitud inflexible por parte del Estado y el afán enérgico de la Iglesia por hacer valer su derecho de propiedad sobre dichos bienes, trajo el desencadenamiento de una serie de litigios, especialmente entre corporaciones municipales y la Iglesia que hubieron de encontrar su definitiva solución en la sala del Tribunal Supremo de los Estados Unidos" (112). El convento dominico de San Juan fue uno de los bienes eclesiásticos en pugna y fue valorado por la suma de $75,000 dólares (113).

El 7 de agosto de 1899 se dispuso por mandato federal que se estableciera el nuevo sistema de cortes y se instalaron sus funcionarios judiciales. La Junta militar instaló la Corte Suprema (Tribunal Supremo) del Distrito de San Juan la cual se mantenía allí desde el 18 de octubre de 1898 hasta el establecimiento del régimen civil en virtud de la Ley Foracker del 12 de abril de 1900. El edificio, adquirido por el gobierno federal estuvo entonces reservado para las autoridades militares, las que permitieron el uso de una parte del edificio para los tribunales insulares (114). El 30 de junio de 1903 el presidente de los Estados Unidos, Theodore Roosevelt, reservaba también para uso militar el antiguo edificio denominado "cuartel de Santo Domingo" (115). Así, a sus trescientos ochen-

Presidente Theodore Roosvelt en Puerto Rico, 1906

ta años de haber sido construído, el Convento de Santo Tomás de Aquino (también conocido como Convento de Santo Domingo) era convertido en un cuartel militar de los Estados Unidos (116). Con estos hechos del siglo que comenzaba en 1903 se ponía punto final a la parte importante de la historia de la Orden de Predicadores en el marco de su raigambre española. El año de 1903 es significativo en la historia eclesiástica de Puerto Rico porque el 20 de febrero de 1903 el papa León XIII promulgó la Constitución Apostólica _Actum Praeclare_ mediante el cual se reorganizaba la iglesia de Cuba y de Puerto Rico quedaba disuelto del vínculo que la unía a la arquidiócesis de Santiago de Cuba y obispado de Puerto Rico fundado en 1511 quedaba sujeto a la Santa Sede y así se evitó que la diócesis de Puerto Rico pudiera estar unida a cualquier autoridad eclesiástica extraterritorial fuera de su relación directa con el Papa en Roma. Fue así como bien señaló el Lcdo. Roberto Beascochea Lota: "... en el momento histórico en que Estados Unidos suprimía nuestra autonomía política, la Santa Sede establecen nuestra independencia eclesiástica como nación" (117). Así, con

Breve Apostolicum

"Actum Praeclare"

SS. D. N. Leonis PP. XIII.

HAVANAE

Apud Rambla & Bouza Typographos

MCMIII.

Breve Apostolicum "Actum praeclare" del papa León XIII, 1903

el inicio del régimen colonial de los Estados Unidos luego de la invasión de 1898, tras los cambios ordenados por el nuevo gobierno comenzaba para la Iglesia Católica en Puerto Rico como también para la Orden de Predicadores una nueva etapa pudiendo mantener su presencia hasta el presente en un proceso histórico que, como ya anunciamos, traemos Dios mediante en un segundo volúmen del libro que próximamente publicaremos y que cubrirá los años desde 1904 hasta el 2020. Esperamos haber podido traer con la suficiente claridad este relato de esta cascada de acontecimientos y hechos dignos de memoria sobre la benemérita Orden de Predicadores, sin duda la esplendida Familia Dominica que se destaca con los más altos méritos entre los forjadores de nuestro patrimonio cultural y espiritual de nuestra nación puertorriqueña.

69 Fray Gerard Timoner III, O.P., M.O. y fray Mario A. Rodríguez León, O.P., UCB, 20 de enero de 2020

67 El Sr. Angel Valentín Román, Presidente Interino de la Universidad Central de Bayamón, Puerto Rico, fray Gerard Timoner III, O.P., Maestro de la Orden de Predicadores (Centro) y fray Jimmy Marchionda, O.P., Provincial de Chicago, UCB, 20 de enero de 2020

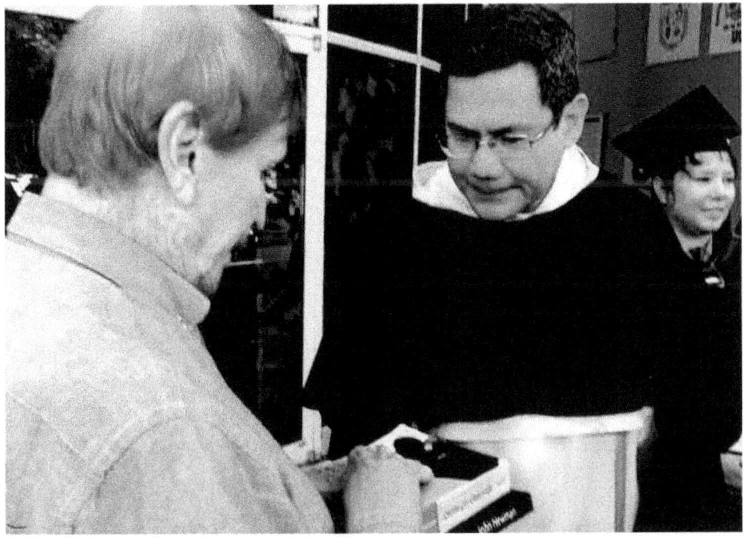

Manuel Domenech Ball le entrega unos libros de M.O. fray Gerard Timoner III, O.P. en la Universidad Central de Bayamón, Puerto Rico el 20 de enero de 2020

Fray Gerard Timoner III, O.P., M.O. y fray Marcos Espinal, O.P. en el Convento de Nuestra Señora del Rosario, Bayamón, Puerto Rico, 20 de enero 2020

Fray Gerard Timoner III, O.P., M.O. y fray Antonio González Pola, O.P. en el Convento de Nuestra Señora del Rosario, Bayamón, Puerto Rico, 20 de enero de 2020

El M.O. fray Gerard Timoner III, O.P. junto a fray José Santiago Román, O.P. Vicario dominico de Puerto Rico y María Cárdenas, Presidenta Nacional del Laicado dominico en Puerto Rico, UCB, 20 de enero de 2020

Frailes dominicos de Puerto Rico en el retiro espiritual en el Buen Pastor, Guaynabo, Puerto Rico, 2014

Notas

1. Mario A. Rodríguez León, O.P.: "Fray Antón de Montesino y los frailes dominicos en Santo Domingo, Puerto Rico y Cuba: Una voz profética en el Caribe". Silke Jansen, Irene M. Weiss (eds.), Fray Antonio de Montesino y su tiempo, Iberoamericana, Vervuest, Madrid, 2017, p. 233.

2. Ibíd., p. 234.

3. Ibíd., pp. 234-235.

4. Ibíd., p. 239.

5. La primera provincia dominica se estableció en América en 1530 bajo el nombre de Provincia de la Santa Cruz de las Indias. Fray Tomás de Berlanga, O.P. quién fue su primer provincial, fue el descubridor de las islas Galápagos y Obispo de Panamá. Murió en 1551.

6. En 1522, el emperador Carlos V asignó 50,000 maravedíes para la construcción del convento. Los frailes dominicos montaron una fábrica de ladrillos y cal para la construcción del convento. El edificio fue construído de ladrillos de barro colorado y mampostería.

7. Según Monseñor Vicente Murga: "...el obispo don Diego, que ordenó luego de sacerdote al dicho Juan Ponce de León II y los descendientes, herederos del Patronato, afirman que este fue establecido por Juan Ponce de León, adelantado de la Florida, el cual no pudo hacerle porque murió antes que los dominicos vinieran a la isla, 1522". Cf. Vicente Murga Sanz: Juan Ponce de León, Universidad de Puerto Rico, Rio Piedras, 1959, p. 243.

8. Vicente Murga Sanz: Historia documental de Puerto Rico, El Consejo o cabildo de la ciudad de San Juan de Puerto Rico (1527-1550). Vol. I, ediciones Plus Ultra, Rio Piedras, Puerto Rico, 1956, p. 8.

9. Ibíd., p. 14

10. Uno de esos colonos de Puerto Rico lo fue Gaspar Flores, padre de Santa Rosa de Lima. Joven aún, Gaspar Flores se trasladó a Panamá y llegó a Perú en 1548. El 1 de mayo de 1577 contrajo matrimonio con María de Oliva. El 20 de abril de 1586 nació su hija Isabel Flores de Oliva, quién fue terciaria dominica y según el destacado historiador peruano y estudioso de Santa Rosa de Lima, Ramón Mujica Pinilla señala en sus investigaciones históricas sobre la santa que el padre de Rosa de Lima, D. Gaspar Flores, era natural de Puerto Rico. El 12 de abril de 1671, el papa Clemente X canonizó a Santa Rosa de Lima, que fue declarada patrona de Hispanoamérica y Filipinas. Del fraile dominico holandés Lorenzo Welschen quién llegó a Puerto Rico en 1909 y que publicó el artículo "La tradición dominica en la isla de Puerto Rico", El Mundo, 13 de diciembre de 1949, fray Jaime Visker, O.P. al comentar sobre dicho artículo señala lo siguiente: "Nos dice [el P. Lorenzo Welschen] que el padre de Santa Rosa fue oriundo e Puerto Rico, razón por la cual en ocasión de la canonización de Santa Rosa, el Maestro General le envió al obispo de Puerto Rico [fray Bartolomé García de Escañuela, franciscano] un dedo de la Santa, reliquia que el P. Lorenzo mismo vio en la Iglesia de Santo Tomás (vulgo: San José), pero que desapareció hace algunos años…". Fray Jaime Visker, O.P.: "Crónica del Vicariato Regional de los frailes dominicos de la Provincia de Holanda, Puerto Rico, 1946-1969". Introducción, notas y fotografías por fray Mario A. Rodríguez León, O.P., 2004. (Documentación inédita). Cf. Ramón Mujica Pinilla: Rosa limensis. Mística, política e iconografía en torno a la patrona de América. Lima, Banco Central de Reserva del Perú. Fondo de Cultura Económica e Instituto Francés de Estudios Andinos, 2001. Véase: Dr. Arturo Dávila: "Raíz borinqueña en Santa Rosa", El Nuevo Día, 2 de septiembre de 1984, p. 4.

11. Salvador Brau, Historia de Puerto Rico, Editorial Coquí, San Juan de Puerto Rico, 1966, pp. 70-71.

12. Miguel Ángel Medina: "Metodología evangelizadora de fray Pedro de Córdoba", CIDAL Nums. 4 y 5, mayo – diciembre, 1982, pp. 39-41.

13. Miguel Ángel Medina: Una comunidad al servicio del indio. La obra de fray Pedro de Córdoba, O.P. (1482 – 1521). Instituto Pontificio de Madrid, 1983, p.81.

14. Según Miguel Ángel Medina, O.P. en octubre de 1518 pasaron dos frailes a la isla La Española, que posiblemente fueron fray Luis Cáncer y fray Antonio de Orta. Cf. M.A. Medina: Una comunidad al servicio del indio. La obra de fray Pedro de Córdoba (1482 – 1521), p. 66, Cf. Marcel Bataillon: Estudio sobre Bartolomé de las Casas, Ediciones Península, Barcelona, 1976, p. 190, nota 9.

15. Agustín Dávila Padilla, O.P.: Historia de la fundación y discurso de la Provincia de Santiago de México de la Orden de Predicadores. Editorial Academia Literaria, México, 1955, T.I., p. 179. Sobre fray Luis Cáncer, O.P., consúltese a fray Alberto Rodríguez, O.P. "Fray Luis de Cáncer, O.P., Ejecutor y mártir de la visión lascasiana". José Luis Burget Huerta: Influencia lascasiana en el siglo XVI, 2006, pp. 269-288.

16. Rev. V.F. O'Daniel, O.P.: Dominicans in early Florida, United States Catholic Historical Society, New York, 1930, pp. 66-69.

17. Consúltese: Influencia lascasiana en el siglo XVI, VIII Congreso de Historiadores dominicos, 9 al 14 de agosto de 2004. Editorial San Esteban, Salamanca, 2006. Sobre el Instituto "Bartolomé de las Casas" de Sevilla señala fray Manuel González Pola, O.P. lo siguiente: "Este Instituto radica en el Estudio General de los Dominicos de Andalucía en Sevilla. Ha organizado los Congresos I (Sevilla, 1987) y III (Granada, 1990) y prepara actualmente la edición critica de las obras completas de fray Bartolomé de las Casas que publica la Editorial Alianza, y en la que

colaboran numerosos especialistas del pensamiento y la obra del Padre Las Casas". "Los dominicos españoles ante el V Centenario de la evangelización de América y Filipinas", Revista Cruz Ansata, Vol. XVIII, Universidad Central de Bayamón, 1995, p. 135.

18. Arturo Morales Carrión: Albores históricos del capitalismo en Puerto Rico, UPREX, Rio Piedras, Humanidades, UPR, 1972, p. 68.

19. A. Cuesta Mendoza: Los dominicos en el Puerto Rico colonial, 1521-1821, (2014), p. 292, Cf. Carlos Alberto Rodríguez – Villanueva, O.P. "Historia e integrantes más allá de las murallas del convento en San Juan: misión y acción de la Orden de Predicadores, 1510-2016", Revista Cruz Ansata, Universidad Central de Bayamón, 2013, pp. 15-19.

20. Alejandro Tapia y Rivera: Biblioteca Histórica de Puerto Rico, Instituto de Cultura Puertorriqueña, 1970, p. 402.

21. Salvador Perea: Historia de Puerto Rico, 1537-1700, Instituto de Cultura Puertorriqueña, 1972, p. 49.

22. Jalil Sued Badillo: "Para la historia del convento de Santo Domingo". En Rojo, Claridad, del 30 de mayo al 5 de junio de 1980, p. 7.

23. Ibíd..

24. A. G. I., Santo Domingo, Reg. 175. "Información hecha sobre la oposición de los frailes hecha sobre la oposición de los frailes dominicos al ajusticiamiento de una mujer condenada a muerte (CRA), fol. 1/9, Ricardo E. Alegría, editor: Documentos históricos de Puerto Rico, 1581-1599, Centro de Estudios Avanzados de Puerto Rico ye el Caribe, San Juan, Puerto Rico, 2009, volumen V, pp. 55-65.

25. Salvador Perea: Historia de Puerto Rico, 1537-1700, pp. 84-85.

26. "Relación del viaje a Puerto Rico en la expedición de Sir George Cumberland, tercer conde de Cumberland, escrita por el Reverendo Dr. John Layfield, capellán de la expedición, año 1598", Eugenio Fernández Méndez: Crónicas de Puerto Rico, U.P.R., Rio Piedras, 1969, p. 142.

27. Vicente Murga-Álvaro Huerga: Episcopologio de Puerto Rico II, " De Rodrigo de Bastidas a Martín Vázquez de Arce (1540-1610), Universidad Católica de Puerto Rico, Ponce, 1988, p. 361.

28. Cristina Campo Lacasa: Historia de la Iglesia en Puerto Rico, Instituto de Cultura Puertorriqueña, San Juan de Puerto Rico, 1977, pp. 48-49.

29. Ibíd., p. 50.

30. A. G. I., Santo Domingo, Reg. 172, folios 403-453, publicado por Vicente Murga-Álvaro Huerga: Episcopologio de Puerto Rico II, pp. 371-426.

31. Ibíd., p. 472.

32. Álvaro Huerga, O.P.: "Porta Coeli, El Acta de Nacimiento", Revista Cruz Ansata, Universidad Central de Bayamón, Vol. 6, 1983, p. 240.

33. Juana Gil-Bermejo García: Panorama histórico de la agricultura en Puerto Rico, Instituto de Cultura Puertorriqueña, Escuela de Estadios Hispanoamericanas, Sevilla, 1970, p. 355. La antigua iglesia dominica de Porta Coeli en San Germán fue traspasada por el obispo de Ponce, Mons. Jaime M. McManus al gobierno del Estado Libre Asociado de Puerto Rico, el 19 de septiembre de 1949. En 1960 el Instituto de Cultura Puertorriqueña restauró la iglesia de Porta Coeli y la convirtió en un museo de arte religioso. En el 2003 se reinauguró la antigua iglesia conventual con el nombre de Museo de Arte Religioso de Porta Coeli.

34. A. Huerga, O.P.: "Porta Coeli, El Acta de Nacimiento", p. 231.

35. Antonio Cuesta Mendoza: Los dominicos en el Puerto Rico colonial, 1521-1821, Publicaciones Gaviota, Rio Piedras, 2014, p. 98.

36. El Piloto, 20 de noviembre de 1937, p. 1, Cf. Fray Íñigo Abbad y Lasierra: Historia geográfica, civil y natural de San Juan Bautista de Puerto Rico. Notas de José Julián Acosta, Puerto Rico, 1866, p. 410.

37. Un beaterio era una casa en donde se reunían varias mujeres solteras o viudas siguiendo la regla de alguna orden, como la de los dominicos, franciscanos o carmelitas.

38. Arturo Dávila: "Gregoria Hernández, la beata de Arecibo y Sor María Raggi de Quío". Revista del Instituto de Cultura Puertorriqueña, abril-junio 1967, p. 41.

39. Ibíd..

40. Antonio Cuesta Mendoza: Historia Eclesiástica del Puerto Rico colonial, (1508-1700), Volumen I, Publicaciones Gaviota, Rio Piedras, 2012, p. 310.

41. Ibíd.

42. J. Gil-Bermejo García: Panorama de la Agricultura en Puerto Rico, p. 355.

43. Ibíd., p. 356

44. Antonio Cuesta Mendoza: Los dominicos en el Puerto Rico colonial, 1521-1821, (2014), p. 322.

45. Véase nota #10.

46. Francisco Mota: Piratas en el Caribe. Casa de las Américas, La Habana, 1984, p. 322.

47. Ángel López Cantos: Miguel Enríquez, Corsario boricua del siglo XVIII, Ediciones Puerto, San Juan, Puerto Rico, p. 401.

48. Antonio Cuesta Mendoza, Los dominicos en el Puerto Rico colonial, 1521-1821 (2014), p. 323.

49. "Memoria de D. Alexandro O'Reilly sobre la Isla de Puerto Rico, 1765. Cf. Aida Caro Costas: Antología de lecturas de Historia de Puerto Rico (siglos XV-XVIII), San Juan de Puerto Rico, 1980, p. 473.

50. Íñigo Abbad y Lasierra: Historia geográfica, civil y natural de la Isla de San Juan Bautista de Puerto Rico, U. P. R., 1959, p. 139.

51. André Pierre Ledrú, Viaje a la Isla de Puerto Rico. Nueva traducción basada en la de Julio de Vizcarrondo de 1863. Edición a cargo de Manuel Domenech Ball, Biblioteca del Historiador oficial de Puerto Rico, 2013, pp. 101-103.

52. Arturo Schomburg: "José Campeche, 1752-1809, A Puerto Rican Negro Painter", Mission Field, abril 1934, Vol. VI, núm. 7, p. 106.

53. A.G.I., Santo Domingo, leg. 2326.

54. Juan Antonio Gaya Nuño: "En torno a José Campeche", La Torre, Universidad de Puerto Rico, Rio Piedras, diciembre de 1972, p. 31. Consúltese de Osiris Delgado Mercado: José Campeche, El concepto invención y fuentes formativas de su arte, Ateneo Puertorriqueño, San Juan, Puerto Rico, 1990.

55. Alejandro Tapia y Rivera: Vida del pintor José Campeche, San Juan, Puerto Rico, 1946, p. 22.

56. Ibíd.

57. A.G.I., Santo Domingo, leg. 2326.

58. Alejandro Tapia y Rivera: Vida del pintor José Campeche, p.

25.

59. Arturo Dávila: José Campeche, 1751-1809, Instituto de Cultura Puertorriqueña, San Juan de Puerto Rico, 1971, p. 8.

60. Arturo Dávila: "Notas sobre el arte sacio en el pontificado del ilustrísimo señor Juan Alejo de Arizmendi, 1803-1814", Revista del Instituto de Cultura Puertorriqueña, núm. 9, octubre-diciembre 1960, p. 49. La casa de José Campeche y su familia estaba ubicada en la calle de la Cruz, 47 en el Viejo San Juan.

61. Emilio Tobar: Iglesia San José, templo y museo del pueblo puertorriqueño, Imprenta La Milagrosa, San Juan, Puerto Rico, 1963, p. 10.

62. Cayetano Coll y Toste: Puertorriqueños ilustres. Recopilación de Isabel Coel y Cuchí, Barcelona, 1971, p. 22.

63. Ibíd..

64. Ibíd..

65. En dicho terreno se levantó el imponente edificio de las tiendas González Padín, el cual para la década de los pasados años noventa fue adquirido por la cadena de tiendas Marshall.

66. Cayetano Coll y Toste: Puertorriqueños ilustres, pp. 22-23.

67. Antonio Cuesta Mendoza: Los dominicos en el Puerto Rico colonial, 1521-1821, (2014), p. 248.

68. André Pierre Ledrú: Viaje a la Isla de Puerto Rico, p. 169.

69. Antonio Cuesta Mendoza: Los dominicos en el Puerto Rico colonial, 1521-1821, (2014), p. 324.

70. Vicente Murga-Álvaro Huerga: Episcopologio de Puerto Rico IV, Ponce, Universidad Católica de Puerto Rico, 1990, p. 458.

71. Mario A. Rodríguez León, O.P.: El obispo Juan Alejo de Arizmendi ante el proceso revolucionario y el inicio de la emancipación de América Latina y el Caribe, Bayamón, Puerto Rico, 2004, p. 277.

72. Ibíd., pp. 324-326.

73. Gaceta de Caracas, 30 de octubre de 1810, núm. 4, p. 2.

74. Ibíd..

75. Adelaida Sourdis de la Vega: Cartagena de las Indias durante la Primera Republica, 1810-1815. Banco de la Republica, Bogotá, 1988, pp. 33-34.

76. Expediente remitido al Iltmo. Señor Obispo por el Señor Gobernador y Capitán General (…), Archivo General Militar de Segovia, leg. M-2547, fol. 21.

77. El Dr. José Gutiérrez del Arroyo fue Párroco en Ponce en 1795 y para el año 1800 era uno de los curas mas ricos de Puerto Rico. En 1809 obtuvo un voto en la elección de diputado a Cortes en Cádiz. Fue secretario del Obispo Arizmendi.

78. Antonio Ubieto, Juan Regla, José María Jovery, Carlos Seco: Introducción a la historia de España, Editorial Teide, Barcelona, 1970, p. 539.

79. Ibíd., p. 548.

80. Ibíd., p. 549.

81. Ibíd., pp. 549-550.

82. Ibíd., p. 550.

83. Ibíd..

84. Antonio Cuesta Mendoza: Los dominicos en el Puerto Rico

colonial, 1521-1821, (2014), pp. 260-261. Consúltese: "Protesta contra la supresión de los conventos de Santo Domingo y San Francisco en Puerto Rico el año de 1821" en Cayetano Coll y Toste: Boletín Histórico de Puerto Rico, Vol. VI, Ateneo Puertorriqueño, Editorial Leo, San Juan, Puerto Rico, 2004, pp. 150-154.

85. Ibíd., p. 261.

86. Ibíd., pp. 261-262.

87. Ibíd., p. 262.

88. Ibíd..

89. J. Gil-Bermeo García: Panorama histórico de la agricultura en Puerto Rico, p. 357.

90. Ibíd..

91. Ibíd..

92. Ibíd., pp. 357-358.

93. Cayetano Coll y Toste: "Informe histórico sobre los asilos de Beneficencia", Boletín Histórico de Puerto Rico, Vol. IX, Ateneo Puertorriqueño, 2004, p. 54.

94. J. Gil-Bermejo García: Panorama histórico de la Agricultura en Puerto Rico, p. 358.

95. José Luis Espinel: San Esteban de Salamanca y Guía, Siglos XIII-XX, Editorial San Esteban, Salamanca, 1978, pp. 137-138.

96. Cf. W.R. de Villa-Urrutia: La reina gobernadora: Doña María Cristina de Borbón; 1925.

97. Las guerras carlistas se desencadenaron ante el levantamiento insurgente del Infante Carlos María Isidro, hermano de Fernando VII, quién estaba apoyado por los absolutistas llamados carlistas

para que fuera proclamado rey durante la agonía de Fernando VII, quién falleció el 29 de septiembre de 1833 habiendo dispuesto que quién heredera la corona fuera su hija Isabel en lugar de su hermano el Infante Carlos.

98. A. Ubieto, J. Regla, J.M. Jover y C. Seco: Introducción a la historia de España, pp. 616-621.

99. Por decreto del rey Fernando VII el 19 de junio de 1831 se estableció en la ciudad de San Juan de Puerto Rico la Real Audiencia y Cancillería o Tribunal de apelaciones.

100. A.G.P.G., Fondo: Obras Publicas, San Juan, Propiedad Publica, caja #256.

101. E. Tobar, Iglesia de San José, Templo y Museo del Pueblo puertorriqueño, p. 63.

102. Antonio López de Santa Ana: Los jesuitas en Puerto Rico de 1858-1886. Santander, España, 1958, p. 37.

103. E. Tobar, Iglesia de San José, Templo y Museo del Pueblo puertorriqueño, p. 66.

104. Ibíd., p. 71. El 24 de junio de 1873, desde Cuba, llegaron a Puerto Rico los primeros Padres Paules.

105. Mario A. Rodríguez León, O.P. y Ramón Luis Cruz Lamoutte, O.P.: Actas de la Venerable Orden Tercera de Santo Domingo. Fraternidad de Santa Rosa de Lima, Editorial Santa Rosa, Publicaciones Gaviota, Rio Piedras, Puerto Rico, 2018, p. 15.

106. "Escrituras de capitales de la Venerable Orden Tercera de Santo Domingo (1792-1898)". Instituto Arizmendi, Bayamón, Puerto Rico.

107. Ángel Rivero Méndez: Crónica de la guerra Hispanoamericana, Editorial Edil, Rio Piedras, 1971, p. 94.

108. Francisco A. Scarano: Puerto Rico único siglos de historia, McGraw Hill, México, 2000, pp. 634-635.

109. Pedro Albizu Campos: "Nulidad del Tratado de Paris", Benjamín Torres: Pedro Albizu Campos, obras escogidas 1923-1936. Tomo III, Editorial Jelofe, San Juan de Puerto Rico, 1981, pp. 16-34.

110. Loida Figueroa: Breve historia de Puerto Rico (segunda etapa), Editorial Edil, Rio Piedras, Puerto Rico, 1977, p. 393.

111. Ibíd., p. 383.

112. Juan Gelpí Barrios: "Personalidad Jurídica de la Iglesia en Puerto Rico. Vigencia del Concordato español de 1851 a través del Tratado de Paris", Revista Española de Derecho, Consejo Superior de Investigaciones Científicas, mayo-diciembre de 1977, Vol. 33, núm. 95-96, p. 442.

113. El 21 de septiembre de 1909 se firmó el convenio entre Mons. William A. Jones, O.S.A., obispo de la diócesis de Puerto Rico y fray Gregorio Vuylsteke, O.P., Vicario Provisional de los dominicos de Puerto Rico. Algunas partes del convenio señalaban lo siguiente: "Ambas partes convienen que esta renuncia se extienda también a las iglesias que dicha orden poseía, a saber la iglesia de Santo Tomás de Aquino, hoy bajo el titulo de San José en esta ciudad de San Juan, y la Iglesia Porta Coeli, situada en la ciudad de San Germán, con todos los bienes que pertenecen o puedan pertenecer a dichas iglesias.

Los reverendos Padres de la Orden de Predicadores de los Países Bajos poseerán las parroquias de esta diócesis de Puerto Rico con sus bienes anexos: Yauco, Guánica con la capilla anexa en la Central Guánica, Isabela, Bayamón, Cataño y Palo Seco. Para ayuda de la misión de los frailes predicadores en la diócesis de Puerto Rico, el obispo diocesano se obliga a pagar anualmente durante diez años la suma de 10,000 florines (4,000 dólares) al Reverendo Padre de los frailes Predicadores en Puerto Rico que hace las veces del muy Reverendo Padre Provincial de la Orden en la Provincia de los Países Bajos. Esta suma de 10,000 florines será pagada en plazos de dos o tres meses según convenga al obispo diocesano." "Convenio inter-Episcopum Portoricensen et Provinciam Germanis Inferioris". Cf. José Fernández Martínez, O.P.: Dominicos 1521-1985, En Consejo Tañida en Puerto Rico, Yauco, Puerto Rico, 1985, p. 71.

El 1 de junio de 1908 por decisión del Hon. Tribunal Supremo de los Estados Unidos se resolvió final y definitivamente reconocer la personalidad jurídica y corporativa de la Iglesia Católica de Puerto Rico y se ordenó al gobierno de Puerto Rico entregarle las propiedades de la iglesia.

114. A.G.P.R. Fondo: Obras Publicas, San Juan, Propiedad Publica, caja #256.

115. A.G.P.R. Manuscrito "Memorándum al Comisionado del Interior". Fondo: Obras Públicas, San Juan, Propiedad Publica, caja #256.

116. En 1968, a través de las gestiones realizadas por el Dr. Ricardo E. Alegría con las autoridades militares de los Estados Unidos en Puerto Rico se logró que el antiguo edificio del Convento de los Dominicos pasara al gobierno de Puerto Rico y allí se estableció la sede del Instituto de Cultura Puertorriqueña. Hoy día es la sede de la Galería Nacional de Puerto Rico.

117. Roberto Beascochea Lota: " El cincuentenario de la Independencia Eclesiástica de Puerto Rico. Comentarios a la Constitución "Apostólica Actum Praeclare", El Imparcial, 21 de marzo de 1953, p. 5-12.

Índice

Paginas

Introducción 5

La llegada de los frailes dominicos al Nuevo Mundo
Y la construcción de su convento. 6

Fray Luis Cáncer, primer Prior del convento. 11

La singular figura de fray Bartolomé de las Casas. 12

El obispo Rodrigo de Bastidas y los conflictos con
los dominicos. 15

Los dominicos y la defensa de los pobres y oprimidos. 17

Los dominicos y los conflictos con el gobernador Melgarejo.
La invasión inglesa de 1598. 18

Fray Martín Vázquez de Arce y los dominicos
durante el siglo XVII. 20

El Convento dominico de Porta Coeli en San Germán. 22

Fray Jorge Cambero y la vida intelectual
del convento. 25

Gregoria Hernández, "la beata de Arecibo"
y fray Francisco de Peraza: dos modelos
de santidad dominica. 27

La Guerra de Sucesión española.
El corsario Miguel Enríquez y el convento dominico
de San Juan. 29

José Campeche, terciario dominico, Primer pintor nacional de Puerto Rico. 33

Miguel Xiorro y Velasco, benefactor, terciario dominico y promotor de la educación. 37

El Real Convento de Santo Tomás de Aquino durante la segunda mitad del siglo XVIII y el Caribe insurgente. 39

Incidente de discordia en el convento dominico de Santo Tomás de Aquino durante el episcopado de Juan Alejo de Arizmendi. 41

El "Trienio Liberal" en España y sus efectos en Puerto Rico. 44

Las propiedades de los frailes dominicos, las leyes de desamortización y la crisis política en España. 45

Fray Joaquín de Aldea, último dominico puertorriqueño del extinto convento de Santo Tomás de Aquino, 1858 y los Padres Jesuítas y Paúles. 49

La venerable Orden Tercera de Santo Domingo Soriano establecida en el Convento de Santo Tomás de Aquino. 51

La invasión de los Estados Unidos y el antiguo convento de Santo Tomás de Aquino y su iglesia en 1898-1903. 53

Notas 62

Datos biográficos del autor 77

Agradecimientos 79

Cuadro de fray Mario A. Rodríguez León, O.P., Biblioteca Dra. Margot Arce de Vázquez, UCB del pintor Eric Tabales

Datos biográficos del autor

Mario A. Rodríguez León es un fraile dominico puertorriqueño natural de Rio Piedras (1950). Estudió en la Universidad Central de Bayamón y terminó su bachillerato en Educación e Historia en la Universidad de Puerto Rico, Rio Piedras (1972). Estudió en el Herbert Lehman College de Nueva York (1973) e hizo su Maestría con el Dr. Ricardo E. Alegría en el Centro de Estudios Avanzados de Puerto Rico y el Caribe (1983). En 1990 publicó en San Juan: Los archivos parroquiales y la microhistoria demográfica en Puerto Rico. En 1990 se doctoró en la Universidad de Valladolid, España y publicó su tesis en el 2004: El obispo Juan Alejo de Arizmendi ante el inicio del proceso revolucionario de América Latina y el Caribe. Profesor de historia de la Iglesia Católica en Puerto Rico y el Caribe en la Universidad Central de Bayamón. En el 2018 publicó junto con Ramón Luis Cruz Lamoutte, O.P., el libro: Actas de la Venerable Orden Tercera de Santo Domingo, Hermandad de Santa Rosa, Publicaciones Gaviota, Rio Piedras, Puerto Rico. Forma parte de la Comunidad de Jesús Mediador en el Volcán, Hato Tejas, Bayamón. Director espiritual de la Sociedad del Santo Nombre de Jesús.

Agradecimientos

Esta investigación histórica no la hubiese podido realizar en un tiempo record sin la ayuda de fray Gerard Timoner III, O.P., Maestro de la Orden de Predicadores, de José A. Santana López, Lydia Reyes Adorno, Jesús Santana Reyes, Ingrid G. Rodríguez León, Arturo Meléndez Colón y Ricardo Rivera Ríos (Ricky), Carmen Berrios, Zaida Vega, Sonia Toledo Rivera, Aixa Álvarez Alverio, Ramón Luis Cruz Lamoutte, O.T.C., fray José Santiago Román, Vicario de los dominicos de Puerto Rico, fray Yamil Samalot Rivera, O.P., fray José Fernando Osorio, Prior conventual y fray Marcos Espinel, O.P., Ángel Valentín Román, Presidente Interino de la Universidad Central de Bayamón (UCB); Pedro Roig y Marcos Nieves del Archivo General de Puerto Rico, la Hna. Ada Pagán y Ana Teresa Marcano (CEDOC-UCB); Laura Rodríguez Pratts, Norma Rodríguez, Marta Robles y Vidalina Román, de la UCB. A los artistas gráficos de la UCB: Luis Aponte Ortiz y Leonardo Rivera Rodríguez; las bibliotecarias de la Colección Puertorriqueña (UPR) y al Dr. Milton García y su esposa Gloria González, la Dra. Norma Marrero y el educador e historiador Norberto Lugo Negrón. A Carmen Suárez, quién transcribió todo el libro. A todos (as) mi eterna gratitud y bendiciones.

Mario A. Rodríguez León, O.P.

www.ingramcontent.com/pod-product-compliance
Ingram Content Group UK Ltd.
Pitfield, Milton Keynes, MK11 3LW, UK
UKHW022007190726
13853UKWH00004B/1779

9 798735 177500